RELATION DE VOYAGE DANS L'EST DE LA FRANCE

du 16 au 27 juin 1768.

---

Manuscrit rédigé à Bayard, 7 septembre 1768.

58 ff

87-06.

Coup d'oeil rapide
sur la ligne qui forme les frontières
des provinces de Champagne, de Loraine,
d'Alsace et de Franche-Comté
suivi des Observations
physiques et mineralogiques
sur différentes Eaux minerales, mines metalliques
et autres objets d'histoire naturelle.
formant la relation d'un voyage
du 16 au 27 Juin
1768

Mobilitate viget, viresque acquirit eundo.

A Bayard
le 7. septembre 1768

# Prologue

C'est dans la nature même, qu'il faut prendre des Leçons, sur l'origine de ses productions, qui sont répandues avec autant d'abondance que de variété, sur la surface de la terre : c'est dans ses entrailles qu'il faut pénétrer, pour participer aux mystères, qui opèrent dans son sein la formation des corps minéralogiques, richesses inépuisables de cette Mère féconde.

Le naturaliste qui contemple les corps, rangés dans son cabinet, qui les analyse pour en découvrir le tissu, leurs parties intégrantes, leurs propriétés ; qui identifie ses idées avec les systèmes des différents auteurs de sa bibliothèque, et se contente de promener ses regards, dans l'espace circonscrit de son cabinet, n'acquiert que des idées bien faibles et presque toujours fausses des objets de ses méditations.

Il faut voir, toucher, sentir les choses dans leur lieu natal ; considérer l'origine, les filiations, l'enchaînement, les nuances, les gradations, les rapports, les disparités, la monotonie de l'uniformité des homogènes, et le chaos qui naissent des amas des corps hétérogènes, confondus par des crises.

Des morceaux isolés, mutilés, souvent même falsifiés, entassés dans une collection, ne peuvent procurer ces avantages. C'est d'après ces principes que nous nous sommes décidés à faire un voyage dont nous avons très désiré en multiplier le profit en rédigeant par écrit nos observations locales rejetées sur les échantillons, dont nous avons enrichi notre petite Collection.

16 Juin

# Relation

Partant de Bayard en remontant La marne, l'on découvre le long de la grande route à droite, un banc horizontal de pierre de 6 à 8 p^d. d'épaisseur, composé d'un amas de nautiles empâtés dans un spath très dur et coloré, qui forme une espèce de marbre solide: ce banc est surtout remarquable vis à vis Sommeville, sur le territoire de Gourzon entre icelui et La Neuville après avoir suivi son parallélisme à l'horizon, s'incline de 45 degrés pour reprendre au delà de Gourzon sa situation horizontale: il repose entre deux lits ~~[illegible]~~ de pierre argilleuse qui [illegible] très peu de consistance. Les coteaux à l'opposite sur les territoires de Fontaine ~~et~~ de Sommeville et Chevillon, sont composés de pierres solides, surtout lorsque l'on s'enfonce dans les [illegible] de Sommet, où l'on trouve des carrières, d'une pierre calcaire, que l'on nomme vulgairement pierre de taille, formée de particules ovoïdes composées de couches concentriques empâtées avec des fragments de coquilles, et quelques coquilles entières bivalves. en remontant La vallée, La pierre est plus homogène et forme un marbre assez dur, quelquefois coloré celle qui est de meilleure qualité se tire du coteau près Thonnance en face du couvent des cordeliers de S^te anne A. La ville de Joinville en est pavée. Les parties de ces coteaux les plus escarpées et inaccessibles à La Culture sont garnies de Bois.

2. La Ville de Joinville, érigée en principauté par Henry. II. en faveur de François de Lorraine Duc de Guise est sur la marne, au pied d'un coteau en pain de sucre; sur lequel [illegible] seigneurs de Joinville ont bâti le château qui subsiste encore en partie et qui est commandé par les coteaux qui lui sont adossés et couverts de Bois. ce château a passé avec la principauté de la maison de Guise à celle d'Orléans. l'on voit dans la chapelle du chapitre plusieurs mausolées des princes de Joinville, tous en [illegible] albastrite ~~[illegible]~~: entre autres celui de Claude de Lorraine et de sa

A J'ai observé presque partout que les couvents des cordeliers ~~étaient ordinairement situés~~ sur le site le plus heureux du local.

fermé; ce Mosolé a été fait à ~~Florence~~ [sans par des ouvriers de florence]; l'entablement est soutenu par quatre figures excédant le naturel, représentant les quatre Vertus, en ~~marbre~~ [albâtre] blanc d'une grande beauté : mais les figures péchent dans quelques proportions et il ne règne pas assez de fraîcheur dans les draperies; du reste l'ouvrage en est très beau. L'on montre dans le petit trésor, des quenouilles, comme du lait de la Ste Vierge; la ceinture de St Joseph; objets d'une belle crédulité. Dans la salle des Gardes de ce château, l'on voit des armures pour habiller cinq cent hommes de guerre; plusieurs de ces armures sont assez bien conservées. il y a quelques canons de laiton d'une et de deux pièces de balle, fondus avec un moyen pour les amorcer; la force n'étoit pas d'usage alors. Depuis peu par des vues d'économie, l'on a fait d'une salle du château l'hôpital des enfants trouvés de la principauté; mais ils y meurent tous; parce que l'air de cet endroit élevé est trop vif pour des enfants à la mamelle, dont les poulmons n'ont pas assez de ressort. L'on fait observer un petit cabinet où se signa la ligue qui fut ratifiée à Péronne en 1575. ce cabinet porte encore le nom de cabinet de la ligue.

3. Environnées des côteaux dont les uns et d'autres sont garnis de vignes cultivées ensemble très unies, soutenues par de petits bâtons très grêles et déliés, de toutes espèces de bois, dont une partie en genévrier; les premiers se renouvellent presque tous les ans; ce qui est un abus considérable, qui ruine les bois voisins, qui sont d'une grande importance à cause d'une grande quantité de forges qui sont dans le voisinage : ceux au contraire de genévrier sont très durables. Sur la gauche une lieue plus haut est le village de St Urbain, remarquable par son vignoble et par son abbaye de Bénédictins; ses vins soutiennent le transport sont autres que ceux qui y viennent. ce village est contigu à celui de Poissons recommandable par ses mines de fer, qui produisent le meilleur de la province de Champagne et de la troisième qualité de la France. Ces minerais sont en pierres, formés par des fosses et petits trous de 20 à 30 pieds de profondeur à travers les roches qui forment le massif des côteaux d'où on l'appelle mine en roche. Ces minerais produisent beaucoup de fonte grise tendre, propre aux ouvrages, qui se fondent au marteau.

~~en meule de fer, comme contrecœurs, tuyaux, marteaux, etc.~~ mine fer. 135# le pied cubique peut être mis au fourneau. Il se fait une exportation considérable, pour les forges situées sur le Rognon, où il n'y a point de mines aux environs.

4. En remontant la vallée de la Marne, cette rivière reçoit à Donjeux celle du Rognon qui prend sa source au dessus d'Eco, de la Crête et d'Orquevaux, fait mouvoir treize forges à fer dans six à sept lieues de terrain. On aperçoit le château de Donjeux bâti à la moderne sur une monticule qui commande la rivière. Dans le massif de la montagne on a fait une percée qui a découvert des pierres calcaires et pyriteuses brisées par l'effet de la mine: parmi ces pierres il s'en est trouvé dans le centre desquelles il y avait une retraite considérable tapissée de cristaux pétrifiés spathiques très belles, et sur les cristaux de spath on voyait des petites pyrites cubiques isolées qui produisaient un effet fort agréable.

5. La vallée de la Marne se rétrécit à mesure qu'on monte et les coteaux s'élèvent d'autant: toutes les pierres sont calcaires. Les chemins sont couverts de laves brisées. Ces laves sont des pierres plates de l'épaisseur depuis un demi pouce jusqu'à deux pouces, lesquelles sont très abondantes dans le Bassigny, canton de la Champagne qui commence dans les environs: cette espèce de pierre est employée à faire les couvertures qui ont peu d'agrément dans leur nouveauté, elles sont très tristes et très difformes lorsqu'elles sont anciennes à cause de la mousse qui y croît abondamment et de la exfoliation de ces pierres appelées laves par imitation de la forme de celles des volcans qui s'élèvent par couches minces.

6. Vis à vis Provenchères est situé sur la Marne, le village de Buxière qui tire son nom des buis qui croissent sur le coteau exposé au couchant. Ces buis ne sont que de mauvais petits buissons dégradés continuellement par les bestiaux et par les paysans (Bo) au pied de ces coteaux est la forge de

Forge qui ne est construite depuis six à sept ans, sont fournies et entretenues toutes des fourneaux par journées. La nature des charbons fait avec des bois crûs et cuits sur une pierre calcaire, donne des fers que l'on fabrique dans cette forge, d'une qualité supérieure à ceux provenant des mêmes mines. nous avons remarqués que la lenteur du mouvement du Marteau de cette usine procédoit de la forme vicieuse de la roue de l'arbre qui le fait mouvoir ; son anneau ayant trop de diamètre et ses aubes trop peu d'étendue. la position et construction des feux est défectueuse tant pour la facilité de la manœuvre que pour l'économie des matières et des agens.

7 Tout le physique du pays depuis Doujeu jusqu'à Vignory donne l'idée d'un très grand désordre causé par les eaux : des roches coupés perpendiculairement, d'autres culbutés, groupés, entassés ; d'autres isolés ; des bois languissants sur des cotteaux arides fautte de substances et dirigés en tous sens offrent le coup d'œil d'un pays sauvage.

8 Vignory est un bourg situé dans une gorge très serrée auprès des coteaux sur l'un des quels on aperçoit les restes d'un ancien chateau. le bourg et les villages circonvoisins ont en une manufacture libre de bas de laine a l'éguille à très bon compte ainsi que Joinville. L'on trouve dans les bois des environs comme dans ceux depuis Bayard qui sont situés sur les cotteaux beaucoup de tymelea ou Garrou si fort en vogue

Les bois sont bien différents de ceux d'une partie de la Franche Comté qui forment des petites forêts, tel a Hausel sur le Doubs. sous une de les forêt est la grotte d'Hausel que nous avons parcourue dans toutte son étendue ténébreuse souterraine a la faveur des flambeaux. Les Belles cristallisations, stalactiques et incrustements spathiques, qui font l'admiration des curieux qui y vont en pellerinage.

pour les Cottées, du Galeopsis, Jeverions et de Christophoriana

9. sur la Route qui conduit à Chaumont il y a a Bologne une forge qui travail au affinerie, dont le fer est reputé un des plus commun de la Champagne. Le fourneau consomme les mines de Marault, lesquelles ne sont eloignés que d'une Lieue. Le Minerai est en menu grains, legers et sablonneux, d'une Couleur tanné : le minerai est exporté dans les forges circonvoisines a quatre et Cinq lieües, pour meler a d'autres mines plus riches ; mais plus dificultueuses.

10. a Berthuin, Le grand Chemin est pratiqué sur le penchant d'un Coteau tres rapide, ce qui forme un passage d'autant plus facheux que la riviere de Marne située au pied de ce Coteau tres escarpé. Les accidents qui y sont arrivés, auroient dus faire prendre d'autres alignements à cette Route, qui auroit pu estre tirée sur la droite et descendre parmi rampans sans aucun danger ; ou en ligne droite en comblant le valon comme l'on a fait dans les bois d'hays entre Toul et Nancy. mais dans l'un et l'autre Cas il eut fallu faire un pont sur le petit ruisseau qui rejoint la marne : ce pont n'eut pu estre fait qu'a prix d'argent et l'on fait tout quand il n'en coute que le sang des miserables.

11 Chaumont est une Jolie ville située sur une hauteur, entourée de deux rivieres, La Marne et La Suize qui baignent le pied de la montagne : cette ville est batie en pierre de deux especes, l'une est Château Castilla Mocailla qui se tire du lieu meme, l'autre est la pierre de taille des Carrieres d'Euronvaux de la montagne voisine qui en blanchy tout ensemble des ornements et approche ainsi de la qualité de celle de Savonieres. La partie élevée du pays ne contient point de sources d'eau, toutte celle que l'on en fait usage est de citerne, l'eau des etangs ou la disette d'eau est considerable,

La feste de la diablerie qu'on célèbre solemnise lorsque la feste de St Jean-Baptiste, patron de la ville, tombe le dimanche n'est plus en si grande vigueur : c'étoit une feste à peu près semblable aux Quermés des Flamands ; festes enfantées par l'ignorance, accréditées par l'avarice des prêtres et soutenues par le libertinage et protégées par les princes, pour distraire les peuples de la rigueur des impôts.

12. Chaumont a été fondé par un détachement des habitans d'Écot, qui formoient un hameau, la situation agréable y attira un nombre considérable d'habitans, qui formèrent un bourg que nos rois ont érigé en ville et l'ont fermé de murs et de fortifications. La Selleterie est la branche de commerce la plus considérable de cette ville : il s'y fabrique des gants de toutte espèce de peaux particulièrement de chevraux et de moutons ; les premiers sont les plus estimés pour les femmes, parce qu'ils sont plus blancs, plus unis et d'un plus beau grain. L'on chérit dans cette ville la vie douce voluptueuse et délicate, l'abondance du gibier de ce pays élevé et boisé fournit à la délicatesse de la table. Les habitans sont honnêtes et polis envers les étrangers et un peu caustiques pour leurs compatriotes.

13 Nous avons vu dans cette ville chez le Sr Richard facteur d'orgue, un martinet dont il se sert pour polir et planer ses planches de plomb et d'étain dont il forme les tuyaux d'orgue. Cette machine est simple et ingénieuse. Le martinet est de fonte de fer, d'une forme alongée, il est quarré à la tête et rond à l'autre qui est plat et très uni, il frappe sur une enclume acérée de la largeur de six pouces en quarré, enchâssée dans un blot de bois ; le manche du martinet, assemblé à une traverse, dont les bouts arrondis jouent dans des trous pratiqués dans deux jumelles. Ce martinet est élevé par deux dents qui traversent l'arbre d'une roue très légère d'environ sept pieds de

Diametre, chargé a quatre points de sa circonferance de
masse de plomb pour en accelerer La vitesse. L'axe de cette
Roue est prolongé en une signole [manivelle], au bout de laquelle est
attachée une corde, qui correspond au bout d'un balancier assem-
-blé a charniere, sur un poinçon fixé a demeure : a l'autre bout
de ce levier pend une corde qu'on tire, comme celle d'une cloche
observant de faire effort Lorsque la signole sort de la
Ligne horisontale pour venir obliquement se decharger. de
cette façon un homme fait agir le martinet qui est du poids
de soixante Livres avec beaucoup de facilité, et luy fait frapper
deux cent coups par minute. L'étain ou le plomb coulé sur le
coutil tres mince sort de le martinet fort uni et tres Egal.
Les tables de metal sont supportées, a droite et à gauche de
L'ouvrier qui les conduit, sur des roulots de bois qui facilitent
beaucoup la manoeuvre. Cet habile artiste (M. Richard) nous
a fait observer, qu'en multipliant la longueur du levier et en
doublant la puissance, par un homme de plus, il pourroit faire
mouvoir un martinet de trois cent. et dont nous sommes
persuadés : mais nous croyons que si l'arbre de la roue etoit
garni de trois cleats au lieu de deux, le martinet tireroit
ses coups sans plus d'effort dans sa construction actuelle
et que si au lieu de cordes, l'on assembloit une barre de bois
d'un bout au balancier, d'autre avec traverse pendante, que
dans le centre il y ait une autre assemblage sur lequel
s'exerceroit la puissance d'un homme, qui mettroit en mouvement
cette machine; alors la force seroit plus multipliée et il
seroit possible de mouvoir des marteaux d'un poids considerable.
cette machine seroit d'un grand secours pour tous les ferroniers
qui sont obligé d'étirer et de forger et souder de grosses pieces
1b Le Sr. Richard nous a fait voir aussi le projet d'une
autre machine tres utile a ses travaux, laquelle est executée.

sa petite, elle est composée d'une platinerie, formée par deux
cilindres, pour réduire facilement le métal à une épaisseur plus
égale; d'un martinet pour les secours, parceque l'opération
du cilindre donne trop de molesse, l'étain qui est séparé
par l'écroui du marteau, qui resserre les pores et donne du
l'essort; enfin d'une scie pour faire les feuillets de bois
tant pour la construction des tuyaux quarrés de l'orgue, dont
l'harmonie est plus douce et plus mélodieuse que celle des tuyaux
de métal, que pour la construction des soufflets. cette
machine est mise en jeu par une roue verticale principale
d'une forme conique et tronquée, laquelle est mise par le
vent, qui s'appuye sur des voiles tendues sur des chassis de bois
coupés en portion de cercle: cette roue est enfermée dans une
tour, percée dans tous les aspects; les ouvertures des ventaux sont garnies
de volets à charnières qui s'ouvrent suivant la direction du
vent et sont rendus fixes dans leur ouverture, par des barres de
fer; la proportion et l'engrenage des roües, qui se communiquent
le mouvement sont soumises aux calculs du génie; mais
nous avons cru que ces volets de bois, recevroient trop d'impulsion du vent, que l'on ne pourroit empecher, qu'ils ne communiquassent
des secousses à la machine, et qu'ils ne fermassent promptement;
que par une complication ruineuse, par les dépenses et par les
soins: Le Sr Richard nous a proposé une tour de pierre percée
dans tous les airs du vent, par des carreaux qui règnent
de bas en haut et coupés obliquement, afin de diriger le
vent sur la portion de la voile la plus éloignée du centre
et de déterminer le mouvement de rotation; nous l'avons
persuadé que le vent n'étoit point un moyen assez uniforme
que l'eau étoit une puissance bien plus égale et plus docile
à se plier aux besoins

Il est arrêté de se proposer d'exécuter des orgues à très bon compte pour les eglises de campagne, pour le jeu duquel il faudrait plus de force qu'à l'ordinaire, elles seront construites sur les principes de la serinette. Sur un cylindre de [illegible] pieds de longueur et de vingt-cinq pouces de diametre, contenant au bas de [illegible] seront rangés des dents, pour appuyer sur les touches des claviers. Le mouvement du cylindre se communiquera aux soufflets il y aura des airs pour tous les dimanches et fetes de l'année : il ne s'agira que de diriger l'échelle du cylindre d'avancer et de reculer les differentes parties de l'orgue pour le changement du jeu et de mettre le cylindre en mouvement. Cependant on pourra toucher [illegible] ces orgues à la main quand on le jugera à propos.

15. Nous avons pris le 17 juin la route de Bourbonne et nous sommes passés par les bois appartenant à la ville de Chaumont où nous faisons des exploitations ; nous y avons remarqué que le bois est fort gras et tendre quoiqu'il croisse sur la pierre ; nous avons vu un chêne de neuf pieds de tour dont l'écorce avait deux pouces sept lignes d'épaisseur depuis l'épiderme jusqu'au liber.

16 Joignant notre exploitation est le hameau du Puits des Mèzes, formé jadis par une colonie de pionniers venus de Thiers en Auvergne, mandés par les Bernardins de l'abbaye de la Crète pour défricher un terrain considérable enclavé dans les bois, à charge de leur rendre à perpetuité le septième du produit par une dîme de champart annuel. Du temps de St Bernard les moines eux-mêmes étaient les défricheurs *quantum mutati ab illo*! Il y a beaucoup d'[illegible] dans tout ce pays : nous en avons vu une autre par un oiseau que l'on nomme *pinçon* ou *fringilla* l'espèce très distante, nous les avons trouvé les [illegible] des dents passés dans les [illegible] de l'oiseau mort subitement

17 De là nous sommes passé à la Neuville au bois où le terrein en
tre pierreux et calcaire, pres de Langres on voit des rochers coupés
perpendiculairement, qui paroissent avoir été battu par les
eaux. en passant par Meuvre, et tirant à Nogent le Roy
les pierres sont fort grisâtres ; l'on y trouve beaucoup de
belemnites ainsy que dans celles de Montigny, qui est
un village sur la hauteur, où il y avoit un ancien chateau
qui est totalement en ruine sur le terrein le plus elevé ; d'où
on decouvre au loin la valée de la Meuse, laquelle prend
sa source au pieds des cotteaux d'alentour ; dont il part plusieurs
autres rivieres dont les unes vont se jetter dans l'ocean
d'autres dans la mediterranée. La nature du terrein
de ce canton est semblable à celuy des environs de Carignan
l'on y trouve les mêmes coquilles et les mêmes pyrites et
mêmes pierres.

18. Depuis Damrémont jusqu'à Bourbonne, les pierres
sont presque totalement de grès ferrugineux ; avant d'arri-
-ver à Bourbonne l'on traverse le bois de Bourdon, en
descendant une colline. il y a dans ce bois et dans les vignes
de Bourbonne du côté de Coiffy au nord-est un banc
de gypse tres beau, dont une partie resemble à du sel
ammoniac, une autre au sel de prunelle ou cristal minéral
enfin une autre d'une grande beauté, qui est tres joli et
compacte et dans sa parure semblable à du marbre en a
la propriété pour l'usage, il est veiné de gris et de jaune
et de brun. où le gypse se fouille, la premiere couche de
terre sous l'humus est un sable meslé de pierres triturées,
la seconde est une terre noire schisteuse, laquelle tombe
en efflorescence, sa saveur est alumineuse : cette couche de terre
est decoupée en tous sens et ses fentes sont remplies d'une
cristallisation gypseuse, d'une grande blancheur et transparente. au dessous les couches sont entierement de gypse.

qui ressemble au marbre. L'Eglise de Bourbonne a été
brulé; l'on y a fait les mausolées des princes et seigneurs
du pays: Le retable d'autel, les balustres de couleur du
cœur et [illegible] qui separent le sanctuaire en sont faits ainsi
que des colonnes de huit pieds de hauteur, douze
pouces de diametre avec les pieds de stal et chapiteaux
qui servent à un l'entablement de l'autel sont formés
de la Gyps. singuliere et magnifique.

19. Bourbonne est un Bourg de Champagne où nous
séjournâmes le 18 Juin. il est situé au fond d'un entonnoir
dont le pavillon est évasé; les coteaux qui le forment
élevés d'environ quatre vingt toises, sont d'un aspect assez
agreable; leur penchant est garni de vignes au midi
et leur sommet couvert de bois. La petite riviere de
l'Apance dont les eaux sont saumatres est formée par
deux ruisseaux qui sortent de deux gorges serrées et
après avoir traversé le territoire de Bourbonne va
se jetter sous Chatillon dans la Saone, par un valon
fort serré et fort fertile.

20 Bourbonne fut Celebre par ses eaux Chaudes dans
les temps les plus reculés: Les Romains qui n'avoient pas
l'usage du linge ^eau^ faisoient un [illegible] très frequent des
Bains, tant pour cause de santé que par propreté, ou de
volupté; après leur conquete des Gaules ils firent sous
l'Empereur Claude quelques batimens aux thermes de
Bourbonne dont les vertus leur furent connus ce qui est
constaté par cette ancienne inscription conservée.

Borvonio, monae C. Ja. Tinius Romanus, in G.
pro salute Cosilliae hic ex voto

21 Les Eaux Chaudes de Bourbonne sortent de trois sources.
La principale sort d'un trou quarré de 24 pouces de diametre
couvert d'un petit batiment dans lequel il y a une pompe qui.

quoy que forte d'aujourd'huy, parce qu'elle en sont contenue. Les ferremens d'acier et d'argent y sont détruits très rapidement, à cause des vapeurs salées et sulphureuses dont ils sont toujours mêlés et abreuvés. La chaleur de l'eau de cette source est à cinquante deux degrés du thermomètre de M. de Réaumur quoyque de tout temps on l'ait fixée à 55 degrés. Son poids est à dix degrés de mon aréomètre.

22. M. Monnet envoyé par le ministère avec lequel j'ay fait une partie de ce voyage a trouvé que ces eaux contiennent par chaque livre trente six grains de sel marin à base terreuse et beaucoup de sélénite; il prétend qu'elles ne contiennent aucune partie sulphureuse: nous ne pensons pas de même; car nous avons été affectés d'une odeur de foye de souffre, qui se fait sentir lorsqu'on est au dessus de cette source et le goût nauséabond que ces eaux impriment en les buvant nous fortifie dans cette idée.

23. Il y a un grand bain public et un particulier. Les eaux du premier sont à cinquante deux degrés de chaleur à côté de sa source et en fort peu d'eau froide. Celles du bain particulier sont à quarante neuf degrés. Par les analyses chimiques qui ont été faites de ces eaux anciennement on a trouvé qu'elles contenoient soixante grains de matière saline et séléniteuse par livre et en rapprochant celle de M. Monnet il y auroit 36 grains de sel marin et 24 grains de sélénite.

24. Les eaux déposent en se refroidissant une boue noirâtre. Cette boue conservée se dessèche, devient grise et se broye entre les doigts en poudre très subtile ayant un goût muriatique. Elle se dissout en partie avec beaucoup d'effervescence dans les acides particulièrement dans l'acide vitriolique; la dissolution exhale d'abord l'odeur d'esprit de sel très pénétrante et sur la fin une odeur vineuse. Dans l'acide marin l'effervescence est moins violente. Dans l'acide nitreux

~~Leffervescence en encore moins vive et elle est periodique) Cependant~~
de tems a autre la matiere se trouble, puis elle s'eclaircit pour se retroubler; Le residu qui se fait, nous a paru dans les acides conserver sa couleur grise cendrée et n'est que du gips et de la selenite. Cette Boue des eaux de Bourbonne dessechée, mise entre les charbons ardents s'y embrase, rougit entre refroidie, paroit une matiere legere friable, insipide, inodore composée de parties heterogenes; dont les unes sont blanches c'est du gyps, d'autres grises c'est une terre argileuse, d'autres couleur de chair ce sont des parties legerement martiales.

25 Dans tous les environs des sources chaudes de Bourbonne qui sont couvertes, l'evaporation qui se fait par la chaleur naturelle de ces eaux entraine avec les parties aqueuses des molecules salines qui se cristalisent le long des murs sur les bords des bassins et sur le sol: ces parties salines sont composées de sel marin et de sel de Glauber, on les ramasse comme le salpetre de houssage: nous avons vu le meme phenomene dans les salines de la Lorraine et de la franche Comté.

26 Les pierres des environs de Bourbonne sont calcaires mais elles participent du gyps au point qu'il faut employer la chaux qu'on en fait, aussitot qu'elle est fondue, parce qu'elle se durcit comme le platre mais moins promptement: un Benedictin n'ayant pas voulu prendre suivre les avis d'un Chirurgien de Bourbonne qui joint au merite de savoir sa profession l'avantage des connoissances de l'histoire naturelle fondit beaucoup de chaux et la fit couvrir pour la conserver comme l'on fait dans le pays où la chaux reste bien saine pendant nombre d'années ce Moine voulant faire usage de son magazin de chaux la trouva petrifiée et elle perdit de moelon dans la construction.

27 Nous sortimes le 19 Juin de Bourbonne nous suivimes la riviere de l'Apance jusqu'au dessus de la Chatillon situé au Confluant de cette riviere avec la Saone: nous n'avons rien observé de particulier sinon la fertilité du terroir et que les pierres participent du gyps. près Chatillon il y a des bancs de roche considerables qui sont de grais calcaires. L'on trouve le terroir de meme qualité et les pierres de meme caractere, jusqu'a Corre situé près le Confluent de la Saone avec le Coney, que nous avons passé après sur des pierres espacées de distances en autre au lieu de pont. un orage des plus violents et ~~durable~~ nous a empeché ~~de faire des observations~~ sur la route

lequel est des plus fertile meme jusqua Vaucouleurs, quoyque le sol soit fort montueux. M. de Clermont-tonnerre a dans cet endroit un magnifique chateau situé sur la partie la plus élevée de l'endroit d'où l'on jouit d'une vüe assez etendüe et fort agreable sur la gauche: le chateau est couvert de tuiles plattes et peintes qui font un tres bon effet.

28 de Vaucouleurs au pont de bois, l'on trouve comme dans les environs de Metz et de St nicolas, beaucoup de pierre de Mer de differentes couleurs et figures, en outre beaucoup de grez rougeatre dont on fait des meules a emoudre d'une excelente qualité et dont il se fait des exportations.

Au pont de Bois il y a une forge composé d'un fourneau et de quatre affineries ou renardieres; mais il n'y en a que trois qui sont en action: l'on y fabrique annuellement 600 a 800 milliers de fer tres cassant, qui se forge tout en gros fer pour les fenderies du Dauphiné; il ne se vend que cent dix livres tandis que les fers de Champagne sont a cent soixante et les normands a deux cent livres. Le fourneau de cette forge donne des crasses d'un verre trop laiteux et calcaire parceque le minerai quoyqu'on le traite contient trop abondamment de spath: ils retirent les minieres de Jussy en grosse pierre, on la casse a la main ou on la lave ny on la boque: l'on en met vingt-quatre coups sur douze vannes de charbon par charge; l'on n'y met point de castine. Il y a sur la bure du fourneau un exhaussement de trois cotés, formé par trois plaques de fonte de fer, qui s'assemblent l'une a l'autre par tenons et mortaises, pour preserver la charge des coups de vent et la bure de vingt quatre pouces sur vingt-huit d'ouverture est liée par de grosses traverses de fer fortement assemblées pour en augmenter la hauteur.

30 nous avons été surpris de trouver un fer si cassant provenant d'une minière trop abondante en matiere calcaire; nous n'avons trouvé personne qui ait pu satisfaire nos questions et pour resoudre par nous memes le probleme, il eut fallu examiner le travail et les materiaux avec une attention que le temps ne nous permettoit pas d'y porter; d'ailleurs la forge etoit en chommage a cause du Dimanche. nous presumons que cet accident vient d'un [illegible]

31 En suivant notre route nous sommes arrivé a fontenoy le chateau qui est une petite ville fort serré située au pied de roches de grès fort escarpés; elle est traversé par la petite riviere du Coney dont les eaux sont brunes; quoy que nous y passames a six heures du soir nous y trouvames le plus part des personnes occupé et les meilleures maisons a table.

32 apres estre sortis du territoire de fontenoy on traverse l'extremité d'une foret qui est située sur la gauche sur un groupe de Cotteaux qui forment ensemble une montagne considerable; cette foret alimente plusieurs forges et verreries que nous n'avons pas visitées; dans ces forets le bois à charbon se coupe de trente deux pouces de longueur et se dresse en cordes de la mesure de l'ordonnance de quatre pieds sur huit pieds de roy.

33 La forge de Bain est a l'extremité de cette foret sur un ruisseau qui est une des branches des sources du Coney. cette forge est une tres belle manufacture de fer blanc; elle tire ses fontes des forges de Vrecy, montheureux et autres en franche Comté qui donnent des excellents fers. nous avons visité le vingt six cette manufacture qui apartient a M. Vebel de Nancy. elle est d'une tres grande étendue; il regne dans le mouvement considerable de ses nombreuses machines et de ses atteliers beaucoup d'ordre. voicy ce que nous y avons observé.

34 indépendamment d'une forge située pres de la manufacture qui affine les fontes et prepare les fers il y a deux renardieres qui preparent des fers de 27 a 28 lignes de largeur sur 8 a 9 lignes d'epaisseur. ces barres sont portées a une petite chaufferie pour les passer sous un martinet tres tranchant ainsy que sur une enclume autre lesquels on reduit les barres en trois lignes d'epaisseur sur trente deux a trente trois lignes de largeur et se coupent par bout de dix huit pouces de longueur que l'on plie en deux. ces plis sont portés a une autre petite chaufferie pour estre forgés de six a sept pouces de largeur sous un martinet et sur une enclume plate, alors les pieces prennent le nom de semelles. on en rassemble trente qui sont fixés entre feuilles que l'on serre l'une contre l'autre avec un crochet de fer apres les avoir trempé dans un bache dans lequel il y a de la terre glaise

de bagué au consistance de syrop epais pour empecher que les faces des feuilles ne se soudent ensemble et les preserve de l'action immédiate du feu. Dans cet état on les place à l'entrée du four de reverbere chauffé au haut degré avec du bois. Le four est construit intérieurement avec du grez gris, qui resiste parfaitement à l'intensité de la chaleur exigée pour une couleur blanche éclatante lorsqu'il est embrasé : le pays fournit beaucoup de ce grez. Lorsque les paquets de feuilles sont suffisamment chauds on les retire du reverbere avec de longues tenailles, puis un ouvrier les saisit d'une main avec une autre tenaille plus facile à manœuvrer ; de l'autre il arrime chaque doublon de feuilles pour former son paquet de feuilles réunies en tous sens, ensuitte il les porte sous un marteau du poids de [illegible] cents acéré et taillé circulairement ; en sorte que la panne au lieu d'être plat comme tous les gros marteaux de forge, pend au contraire d'un [illegible] à l'entrée du bloc la forme d'une portion d'ellipse du côté d'un de ses diamètres : l'enclume est platte, acérée et large, c'est une espece de tas de planeur en métaux. Le marteau frappe assez lentement, c'est-à-dire environ quarante coups par minute, sur toute l'étendue du paquet de feuilles, qui diminue très considérablement avec une facilité qui nous a surpris ; car il semble voir du plomb obéir docilement sous le marteau : cependant une seule chaude ne suffit pas pour leur donner leurs dimensions, en épaisseur et en étendue ; on les passe plusieurs fois au feu de reverbere et sous le marteau pour leur donner leur degré requis ; lorsqu'elles l'ont acquis elles prennent le nom de fer noir : on les visite alors on met au rebut celles qui ont des défauts essentiels, on les passe
Rognure. 33. ensuitte à la cisaille qui est un ciseau pour les couper quarrément des mesures qu'elles doivent avoir ; il y en a de deux grandeurs. On met à part les rebuts et les rognures et l'on prépare les feuilles un peu défectueuses pour passer dans le cours du fer blanc ou fer noir d'Allemagne. Les rebuts et rognures sont portés dans les renarderies pour en faire des loupes et du fer nouveau.

35 Les feuilles destinées pour estre étamées sont portées aux étuves ou elles [sont] enfermées dans des tonneaux remplis d'eaux sures. Ces eaux sures sont faites avec de la grosse farine de seigle germé et de l'alun pour exciter une plus grande fermentation. chaque ouvrier a son secret pour la composition de son eau sure. Ces eaux acidules que nous avons gouté ont le gout stiptique de l'alun et l'acide de mauvais vinaigre de bierre jusqu'a [illegible] le deux doigtes et sale des cuves de la manufacture: leur entretien et la chaleur des étuves assez considerable pour exciter la fermentation et pour aider l'acide de ces eaux a mordre sur le fer. Leur effet est d'enlever de la surface du fer ses parties en destruction; la rouille que le fer a pris au feu, enfin pour aviver toutes la surface des feuilles cette opération se nomme decaper elle se rapporte a l'effet du grattoir de l'étameur en cuivre.

36 Lorsque les feuilles de fer sont suffisamment decapées on les porte aux récurage. cette opération se fait par le ministère de beaucoup de femmes et de filles qui gagnent que ~~et fatiguent~~ beaucoup en mettant ensemble qui consiste a frotter a beaucoup de reprises entre leurs deux torchons avec du sable et de l'eau: ces écureuses sont a leur compte; lorsque les feuilles sont suffisamment écurées on les plonge dans de grands auges remplis d'eau, on enleve les sables, les scories et les empeche de se rouiller on les retire pour les faire secher promptement et les porter a l'étamoir

37. L'étamoir est un grand hangar sous lequel il y a deux fourneaux. Le plus grand supporte une grasse de fonte de fer faite a peu pres comme le creuset du chandelier; cette grasse est scellée dans le fond d'un foyer de terre formé par des plaques de fonte de fer, de la forme a peu pres d'un foudre de chandelier. cette grasse de fonte de fer contient de 1500 a dix huit cent livres d'étain, qu'on entretient fondu pendant plusieurs heures avant d'en faire usage. crainte que l'étain ne se grumele a sa surface par la perte de son phlogistique, on le couvre d'une couche de suif de plusieurs pouces d'epaisseur: tout étant en état un ouvrier prend les feuilles de fer avec une tenaille les unes apres les autres les plonge dans l'étain a plat et plusieurs fois.

Les unes égouttées forment grille entre des crochets qui les tiennent perpendiculaires au dessus de la trémie de la chaudière; un autre ouvrier les reprend avec une petite tenaille et les plonge perpendiculairement dans l'étain et les va mettre égoutter dans d'autres crochets semblablement [?], toujours au dessus de la trémie de la chaudière; un troisième ouvrier les prend, les visite, examine, gratte les défectueuses avec des outils où elles ont des taches et des graines et les représente au second ouvrier qui les replonge de nouveau dans l'étain. Les feuilles qui ont bien pris l'étain sont portées au quatrième ouvrier placé auprès d'une autre chaudière contenant de l'étain fondu: son travail est d'enlever [?] les égouttures qui se sont amassées aux bords de ces feuilles toujours sur un des grands côtés. Car ces feuilles forment toujours un parallélogramme: cet ouvrier plonge la feuille d'un pouce environ de ce bord-là dans une petite chaudière où l'étain fondu dissout les égouttures et rend toute l'étendue de la feuille uniforme: cette opération s'appelle en terme d'ouvrier des égouttures [?]; mais pour ôter les acides [?] qui ont recouvert l'étain, il tire la feuille avec une tenaille de la gauche et de la droite une poignée de mousse, il coule cette feuille entre le pouce et l'index et fait couler tout l'étain superflu, cette dernière opération imprime à la feuille une noirceur qu'il essuie [?].

38. Les feuilles ainsi étamées sont remises à d'autres garçons qui les frottent fortement avec des torches et du son, pour les dégraisser et les polir [?]; on les porte au magasin où l'on répare les ondes et les volutes qu'elles peuvent avoir pris sur un bloc de bois avec des maillets: puis on les emballe dans des barils de divers grandeurs tarés, cotés et numérotés pour partir dans le commerce.

39. Toutes les étameries font un secret des moyens qu'ils emploient pour faire couler l'étain d'une couche épaisse sur le fer [illegible]; mais il y emploie aussi de la poix [illegible]: leur secret n'a [illegible] d'un dernier intermède; car ayant vu de la poix [illegible] dans l'étamerie, j'en demandai l'usage aux ouvriers qui me répondit qu'elle ne servait qu'à peu de chose; je pense que l'étain étant un métal qui peut être facilement [illegible] à sa surface une portion de son phlogistique.

surtout lorsqu'il est fondû ; qu'elon met du suif pour intercepter la communication de l'air : mais que le suif se decompose [illegible] tres facilement et se sublime en vapeurs, lors joint de la poix grasse qui sent aussi et forme une matiere plus fixe d'ailleurs cette matiere grasse capable d'empecher la destruction de la surface de l'etain et de remplacer celle qui auroit perdû son phlogistique, sert aussi d'intermediaire, pour appliquer l'etain au fer, comme la resine pour le cuivre et le borax pour souder l'or. Conjointement au etain un peu de cuivre pour lui donner de la consistence : nous l'avons [illegible] : il paroit par des [illegible] qu'elle a [illegible].

40 Le fer blanc qui se fabrique dans cette manufacture nous a paru d'une tres bonne qualité et d'une belle fabrique — les machines bien composées et bien economisées ; la depense d'eau distribuée avec tout l'avantage que procure une belle chute beaucoup de [illegible] et d'intelligence. La buche qui porte l'eau sur les roues est d'une tres grande beauté, tant par sa construction que par son volume et le nombre des roues qui y correspondent ; il y a quatre marteaux battans sous le meme [illegible] avec le reverbere deux marteaux sous un autre angars : nous croyons qu'il seroit possible d'employer pour la chauffe du reverbere les ramettes des forets au lieu de bois de buche ce qui seroit d'une grande economie.

41 nous avons vû les preparatifs d'un ordon de cylindres pour la platisserie pour preparer les feuilles, nous ne doutons point de la reussite ; nous sommes persuadés même que les proprietaires [illegible] par ce moyen [illegible] cette voye qui economise des matieres et de la main d'oeuvre en simplifiant et abregeant les operations. nous avons eu une grande satisfaction dans l'examen des travaux de cette manufacture erigée en 1733 sur lettres patentes de françois iii Duc de lorraine ; nous y avons trouvé un directeur intelligent complaisant et honnête. Il s'y fabrique par jour pour cent pistoles de marchandises.

42. nous sommes ensuite passés a Bains qui est un village de Lorraine assez mal entretenu, situé entre deux coteaux fort elevés traversé par une des branches de la petite riviere du Coney, dont les eaux sont aussi [illegible] que des autres. Il y a dans ce bourg trois sources principales d'eau chaude qui forment trois bains dont deux pour les gens du commun et l'autre pour les gens de distinction

L'eau de ces bains sont de trois degrés de chaleur, l'un des bains du commun a quarante cinq degrés, l'autre a trente neuf, de la bourgeoisie a trente trois et demi. Cette dernière source sert aussi aux buveurs, avant qu'elle entre dans le bain destiné.

43. Les bains sont traités fort simplement, le fond des bassins est pavé de pierre couvert d'un vitrage de charpente, dont le haut du comble est ouvert pour donner du jour : il n'y a point de séparation pour les sexes : hommes et femmes se baignent dans le même bassin même dans celui des honnêtes gens : car lorsque nous y avons pris le degré de chaleur le bassin était rempli d'une nombreuse compagnie de dames et de messieurs rangés circulairement en face les uns des autres. Le bain n'a que six pieds ; il y a autour des petites cellules pour se changer de linge ; cette partie est trop négligée tous les jours on vide les bains ou les nettoie et on les laisse emplir la nuit. Celui de 33 ½ degrés est si analogue à la chaleur naturelle que lorsque nous y avons pris un bain la nuit nous ne sentîmes pas l'eau nous toucher. Les filles des auberges de cet endroit sont entretenues gratis par l'usage à administrer des secours aux baigneurs, sans même alarmer la pudeur.

44. Ces eaux sont à dix degrés de Réaumur, font avoir quelques légères impressions sur la langue. L'alcali fixe ne les trouble point. Elles contiennent un peu de sel de Glauber, dont il se forme un peu par l'évaporation qui retombe sur le sol des environs des bains. Au bout du bain qui reçoit l'eau de la fontaine des [illegible] il y a une promenade assez étendue plantée d'arbres jusqu'au moulin.

45 Il y a dans le bourg une fontaine d'eau froide fort savonneuse dont les ménagères font un grand usage pour le blanchissage du linge, et y ont économisé le savon. Les anciens ducs de Lorraine ont fixé un droit par chaque personne qui fréquente ces eaux pour les honoraires d'un médecin qui réside à Fontenoy et qui vient passer à Bains les deux saisons des eaux. Ce médecin nous a observé que la qualité des eaux de Bains était si salubre qu'elle influait jusque sur la couleur des cheveux ; que de là tous les enfants naissaient avec une chevelure blonde : effectivement ayant jeté les yeux sur un groupe considérable d'enfants réunis, nous nous reconnûmes que la couleur blonde de leurs cheveux était la

insuffisantes pour attribuer entièrement cet accident à la qualité de l'eau du pays.

48. Deux portées de Bois au delà considérablement par le chemin qui conduit en franche Comté, on rencontre beaucoup de grès [illegible] et de pierres dessus de toutes couleurs et de débris comme à St Nicolas. avant d'arriver à Toul qui n'en est éloigné que de deux lieues nous avons vu sur la droite un four à chaux qu'on ne laisse jamais en feu: ce four est construit extérieurement comme une tour adossé à une montagne dont le haut paroit quarré; le bas est percé en face de deux côtés par deux voûtes fort basses faites en plein cintre; ces deux voûtes lesquelles en abajou aboutissent chacune à une petite porte, qui communique à l'intérieur du four, pour fournir l'air nécessaire à l'entretien du feu et pour tirer la chaux qui descend du haut à mesure que l'on en tire. L'intérieur de ce four est formé comme une cloche renversée de [illegible] quinze pieds de hauteur sur douze pieds de diamètre à son évasement; on le remplit d'abord de charbon de terre et de pierres à chaux rangés lit par lit et toujours de feu. à mesure que le feu s'élève la pierre d'en bas est calcinée et tirée par les trous portes ci-dessus par bas des petits regards, que l'on remplace continuellement, ayant soin de [illegible] regarder de pierres de terre et autres. Le four se porte [illegible] afin de rendre l'embrasement plus uniforme et plus actif. La pierre que l'on emploie se tire près du four elle est calcaire n'est pas d'une excellente qualité étant trop pleine, ou la couleur des marnes pour mieux fournir les parfaites par la couleur la calcination: Le charbon de terre que l'on met se tire d'assez près à deux lieues de Bazoilles et à douze lieues du four: il y en a de trois qualités; l'une est légère très feuilletée et veinée de taches ferrugineuses: c'est celle qui a le moins de chaleur; l'autre est d'un gris pesant d'un [illegible] c'est la meilleure: il provient des couches inférieures et donne beaucoup de chaleur; la troisième espèce est pyriteuse celle-ci est la plus mauvaise surtout pour l'usage du four à chaux: à cause du foie de soufre qu'il forme ce qui diminue la qualité et quantité de

produit, lorsqu'on a un grand feu toutes les pièces qui se trouvent

47. Nous avons trouvé aux dimensions intérieures de ce fourneau une [illegible] qui est trop large à sa partie supérieure. Il en résulte deux accidents. Le premier est de diminuer l'activité de la chaleur en brisant la colonne d'air et conséquemment celle du feu ce qui les éloigne trop de la ligne centrale et de la perpendiculaire, seul point d'où procède la force et l'activité de la colonne de feu dont le feu n'est excité que par le courant de l'air libre du bas en haut. Le deuxième inconvénient est de donner trop de surface au foyer qui dans les gros temps d'orage reçoit une masse plus considérable d'eau de pluie et de courants qui [illegible] une volatilité d'eau et un trouble considérable au foyer. D'après des questions faites au propriétaire et directeur de ce fourneau, lequel nous a paru aussi [illegible] connaisseur, nous a avoué, que les accidents que nous prévoyions arrivaient effectivement, et après les avoir [illegible] la forme de fourneau la plus conséquente à son opération, qui est celle d'un œuf, dont la pointe tronquée serait à sa hauteur ; la justesse et la nécessité de notre raisonnement et s'est déterminé à suivre notre avis.

48. Ce fourneau rend tous les jours trente poinçons de chaux contenant 260 lb de [illegible] chaque poinçon qui se vendent trente sols. Cette chaux n'est destinée que pour les engrais des terres, il se fait une consommation considérable dans les environs à huit et dix lieues à la ronde. On transporte cette chaux en poudre ou en pierre dans des grandes [illegible] découvertes qui ressemblent à des bières funéraires posées sur des chariots. Beaucoup de terres dans nos cantons demanderaient un engrais tel que celui-là, j'en ai essayé avec bien du succès : mais les laboureurs de notre province pour la plupart sont réduits par les corvées et les autres impôts à manquer des choses de première nécessité. Comme plusieurs [illegible] dans la contrée, [illegible] éloignés et pas assez [illegible] pour leur en persuader la nécessité.

49. St [illegible] est un gros village situé dans un espace bassin sur la rivière de [illegible] qui vient en partie du pays de Plombières,

Celuy de fougerol est jetté dans l'enyeque qui se joint de la
Louterein. en y entrant nous avons vû un gros bloc de gray
d'une couleur gris brun, sur lequel on voyoit les empreintes de
beaucoup de feuilles et de tiges de liz de marais, ou dutea paludo[sum]
ce gray avoit été tiré dans la rive au dessus d'un marais d'osier,
l'étang de sous la maison du Trouttardier qui fixa notre
attention. cette ouvrière d'autant des dames de tette de palfrenier
pour assurer son ouvrage et couvrir les cartes qui forment les dents,
avec un emporte-pièce d'un simple aquel les y clous attache sur
longeois qu'un de bout d'acier taillé en dentelle au bout au culée
qui faisoit mouvoir par un balancier un fort poids : cet
emporte-pièce agissoit sur la dame, à fer posé sur un petit tas
échancré pour passer le sommet de l'angle de son emporte-pièce
et [?] servoit aux autres d'habileté a peu de peine.

Si nous avions ensuite traversé les lauze où s'étendoit
une foire considérable en bestiaux, nous avons été étonné de
la prodigieuse quantité de bestes à cornes qui s'y etoient exposées
en vente. Les bœufs nous ont parus d'une plus haute stature
que ceux de Champagne, même conformés et presque tous de
couleur rousse.

Si nous avions été visiter le fourneau à fer qui est au dessus
du moulin ; c'est une manufacture considérable de marmites et
de chaudrons de fonte de fer, d'une très bonne qualité. Les forges
ne fabriquent jamais aucune autre sorte de marchandises en fonte de
Guise. Leurs traitent deux espèces de mine, l'une en pierre
l'autre en fer ; la première se tire de Couffleur en Lorraine, elle
est entre grosse pierre, tendre, d'un grain serré, d'une couleur
brune tannée, remplie de cristallisations de spath. Les terres
d'une côte mine des Cornes d'Ammon minéralisées depuis les
poids d'un gros jusqu'à deux livres, et beaucoup de belemnites.
Cette mine est très riche : l'autre mine en fer est moins riche
elle se tire de terres le un d'un village appelé Bourgogne. Les
charges dont le fourneau a la grande charge, usage que nous
desapprouvons en ce qu'il occasionne une plus grande consommation
de matériaux pour un produit proportionnellement le fourneau est
très élevé qualité d'un [?] fait un beaucoup d'écas. Il y a un

Bouard accedé qui est mal couteur ? le directeur de la fourneau est un homme d'esprit nous n'avons pu tirer beaucoup de lumière sur les questions que nous lui avons faites. près de là est une meule d'huilerie mue par l'eau sur laquelle on pilote de l'écorce de houx pour faire de la glue.

52. La plaine dans laquelle est situé S.t Loup est un bassin d'environ deux lieues de diamètre, bien limité par des côteaux boisés, il y a apparence qu'il a formé jadis une étendue d'eau fort agitée; car le terrain est chargé d'une grande quantité de cailloux roulés, le sol est très mauvais l'on y cultive que du seigle, du sarrasin, peu d'orge et de la garence. en sortant de ce bassin l'on monte un côteau qui mène au milieu de Vauxjau, l'on voit dans un village voisin nommé Le Charme, beaucoup de petits fours qui n'ont dans un bouchon, [illegible] pour servir de forge [illegible] pour introduire comme dans un four de boulanger un peu incliné quelques petites poteries que l'on y fabrique. après avoir traversé un bois qui n'a rien de remarquable l'on descend par un rampant fort doux dans une plaine où est situé Luxeuil sur la rivière du Breuchin qui se jette dans la Lanterne qui donne la Saône pour [illegible].

53. Luxeuil qui tire son nom de lixivium à cause de l'analogie de ses eaux avec la lessive qui est une eau chaude chargée de sels, est une ville fort ancienne, située près d'un monastère fort célèbre du temps de vogue du monachisme, elle est beaucoup recommandable par ses eaux chaudes et froides salutaires, par l'antiquité vu que les anciens gaulois nos ayeux y portaient à leur célébrité, qui fut soutenue par les Romains, qui construisirent en différents temps particulièrement sous Jules César des bâtiments considérables, des bassins dont un d'une seule pierre subsiste encore, des canaux souterrains d'une très grande utilité, par leur étendue et leur solidité qui braveront encore les siècles futurs

Le Attila le roi barbare qui arma le fanatisme et la superstition, pour assouvir son ambition et sa cruauté, couvrit dans le cinquième siècle les gaules de feux et de ruines. Les monuments élevés pour l'utilité et l'embellissement des thermes de Luxeuil furent égalés au sol, les seuls ouvrages souterrains restés furent en partie: Colomban dans le sixième siècle éleva sur les ruines

des habitans de Luxeuil et des étrangers qui subsiste encore aujourd'hui. Le bien que firent les romains à la terre de Luxeuil est confirmé par des inscriptions que l'on a trouvé dans les ruines et dont nous avons vu une déposée à l'hotel de ville qui est conçue en ces termes.

Lixovii. Therm. repar. Labienus jussu. Jul. Cæs. imp.

L'autre

Luxovio et Brixiæ C. Jul. Firmar. jussu V.S.L.M.

ces deux inscriptions sont rapportées dans le cinquième volume des antiquités gauloises de M. de Caylus. on se propose de les placer sur les batimens neufs que la ville de Luxeuil fait faire actuellement pour l'embellissement des bains.

55. Les nouveaux batimens des bains de Luxeuil sont composés de trois corps de batiments, l'un en face de l'escalier d'entrée, lequel renferme les principales sources, deux autres détachés de part et d'autre forment deux ailes: la maçonnerie est de grès gris et brun, l'architecture est d'un ordre toscan couvert de fer blanc suivant l'usage de la province. L'on désireroit que les corridors de ces batimens magnifiques fussent plus larges et que l'on eut évité la bigarrure qui naît de la disparité de la couleur des pierres.

56. L'on ne peut trop louer M. Désirat maire de Luxeuil sur son zèle, ses soins et son intelligence. De ce généreux citoyen que ses compatriotes sont redevables de ces monumens, il a su ménager des deniers communs, les fonds suffisants pour fournir aux dépenses considérables qu'exigent ces batiments. Ce magistrat citoyen, d'une constance et d'une affabilité singulière, a recueilli dans les fouilles, une collection considérable de médailles romaines, particulièrement du bas empire et beaucoup de vases de poterie rouge propres aux différens usages religieux et domestiques des romains; parmi ces vases nous en avons beaucoup reconnu d'analogues à ceux que nous avons trouvé, dans les ruines de Chatelet par Bregard notre domicile. sur d'autres les mœurs lascives des romains sont caractérisées dans des ornemens chargés de figures qui représentent les excès du libertinage. La sculpture

57. Il y a trois sources principales d'eau chaude à [illegible], la plus chaude est celle des étuves; elle est à quarante deux degrés du thermomètre et dix degrés de baromètre; la seconde, dite des Capucins ou des petits bains, est à trente cinq degrés et dix degrés de baromètre. Enfin la troisième est à trente deux degrés du thermomètre et neuf de baromètre. Ces eaux sont analogues à celles de Bains; leur plus grande vertu est une chaleur douce et bienfaisante. Il y a deux autres sources, l'une ferrugineuse et l'autre savonneuse: nous n'avons pas examiné la savonneuse, parce qu'elle est infectée des égouts des latrines des nouveaux bâtiments; quant à la ferrugineuse, elle donne avec la noix de galle très promptement une couleur noire, et l'alcali fixe la trouble légèrement; elle est à neuf degrés au dessus de baromètre.

58. Les étrangers sont très fréquents ce qui augmente la bonne compagnie de la ville de [illegible] dont les habitants sont gracieux, honnêtes et bienfaisants. Leurs [illegible] se ressentent d'autres choses, les traces du goût espagnol. L'hôtel commun de la ville est partie d'une forteresse ancienne, obscure et incommode, les églises sont peu ornées et antiques. Sur la rue du cimetière des Cordeliers il y a une lanterne de pierre dans laquelle on allumait la nuit un signal funèbre pour éclairer peut-être le libertinage des moines plutôt que leur dévotion; nous avons trouvé dans ce cimetière une crapaude femelle qui avait quatre pouces et demi de largeur, la peau très rude couverte de tubercules dont on exprimait ~~[illegible]~~ la liqueur en les pinçant; nous lui avons ouvert le ventre longitudinalement avec un bistouri depuis la mâchoire jusqu'à l'anus. La face de son estomac était remplie de scarabées, il y avait un tissu très étendu chargé d'œufs, les vésicules pulmonaires étaient considérablement enflées sous les travaux, elles se soutenaient à l'intérieur; ce ~~crapaud~~ [illegible] malgré ce mauvais traitement fut voyager sous trois heures après les [illegible].

59. Nous fûmes appelés pour porter du secours à une pauvre fille qui avait un cancer ulcéré, lequel après avoir fait [illegible] dans

Les glandes [illegible] mammaires avoient fait des progrès si terribles qu'elles leur ont [illegible] des portions jusqu'aux clavicules, les parties axillaires, hypocondriaques et lombaires, l'abdomen, le bras et l'avant bras droit et s'arrêtoit à la racine de l'ongle du pouce, [illegible] fait, de l'odeur cadavéreuse qu'exhalent les plaies effrayantes [illegible] les conseillers [illegible] adoucissant et beaucoup d'opiatiques.

60. Il est bien surprenant que M. Morey dans l'état de Luxeuil ne nous ait donné que l'histoire [illegible] du monastère, sans dire un mot de la ville ancienne et moderne et de ses bains; il faut avouer que les gens d'Église, [illegible] tout ce qui n'est pas clergé: quel barbarie! Il y a plusieurs mines dans les environs de Luxeuil qui ne sont point [illegible] par [illegible]. Il y a une mine de charbon qu'on n'a jamais [illegible]

61 Le 21 Juin nous sommes sortis de Luxeuil passant par Fougerolles pour suivre le chemin des Plombières le long duquel on trouve beaucoup de pierre quartzeuse, de grès pur, de grès ferrugineux de grès micacé. avant d'arriver aux Plombières on fait de la filerie [illegible] passe sur une montagne fort escarpée dont le flanc est jonché d'une très grande quantité de pierres dans le plus grand désordre; suite de l'effet d'une [illegible] ou d'un torrent [illegible] [illegible].

62 La filerie de Plombières est composée de quatre parties principales [illegible] la chaufferie et son martinet, la filerie à dégrossir, le four à recuire et la tréfilerie. L'ouvrier d'une forge [illegible] le fer en quarré d'un pouce, on le passe au feu de la petite chaufferie et ensuite sous le martinet pour le réduire en verge circulaire de trois lignes de diamètre. Cette verge est portée à la première filerie, où elle passe successivement par trois grosses filières qui la dégrossissent [illegible] et la réduisent enfin en une forme cylindrique d'environ une ligne de diamètre. Le fil [illegible] dans un four dont l'intérieur est quarré ayant trois pieds de diamètre [illegible] chauffé au bois, [illegible] le fil fait très rouge [illegible] [illegible] qui

reste ouvert lorsque le filoutté se trouve à dessein libre, on le porte aux autres filières ou on le passe successivement par différens trous de filières, jusqu'aux plus déliés.

63. Cette dernière filerie est composée de douze paires de tenailles dont six en bas et six en haut, le bâtiment est à trois étages, les roues occupent le rez-de-chaussée, elles sont mises par l'eau du rez de la fonderie, distribuée dans des aqueducs qui la portent dans les chenaux qui la versent dans des roues à pots; leurs arbres sont garnis chacun de trois grosses cames, lesquels tiennent successivement appuyé contre un balancier qui fait aller quatre paires de tenailles à sens contraire, un ressort de bois ramène le balancier pour le disposer à la came suivante. Les premières tenailles sont au premier étage reçoivent la première et la plus forte impulsion des cames, aussi les passe-t-on aux plus gros fils, et leur balancier agissant sur d'autres qui sont placés de façon à renvoyer leur impulsion mettent en jeu les tenailles supérieures, qui tirent les fils les plus déliés.

64 Le mouvement des tenailles est simple, la filière est un morceau d'acier depuis un jusqu'à deux pouces d'épaisseur sur trois quatre ou cinq pouces de largeur, percée de trous coniques gradués proportionnellement à la longueur et à la gradation des diamètres des fils; elle est posée verticalement, et solidement affermie; l'ouvrier présente le bout de la verge ou le bout du fil aminci à un trou qui correspond au centre de la machine, la tenaille qui a de fortes machoires acérées, joue facilement dans sa charnière et se termine par deux fortes branches recourbées faisant le crochet en dehors; un collier de fer saisit les branches de la tenaille et est attiré par le mouvement du balancier, alors le collier tirant les branches de la tenaille les rapproche par un mouvement qui fait serrer les machoires qui saisissent le bout du fil et le fil même lors qu'il est entraîné avec assez de force pour qu'il ne coule pas dans les machoires et qu'il s'allonge en

en diminuant de diamètre. Les machoires de la tenaille lesquelles [?] sur les fils des impressions d'autant plus fortes que les fils sont plus gros, elles sont presque insensibles sur les fils déliés. — Le ressort qui fait avancer la balance en avant pousse la tenaille qui est posée sur un plan incliné, imbibé fortement d'huile alors elle coule en avant et vient tomber sur la filière, la machoire s'ouvre par l'effet de sa détente et vient saisir le fil qui passe par sa gorge en remontant, ce qui le détermine à venir une volute. Les fils fins se servent au chevalet sur une tourte mise par les communications d'un mouvement de la machine principale.

65 La perfection de ce travail dépend de la douceur du fer qui doit avoir beaucoup de corps, de la juste gradation des diamètres des trous de la filière et du sage économie dans le jeu des machines qui se communiquent réciproquement les mouvements.

66 Nous sommes entrés ensuite à Plombières qui est une petite ville de Lorraine située dans une gorge extrêmement serrée par deux montagnes, elle est tenue avec beaucoup de propreté; ses eaux thermales y attirent un concours prodigieux de monde pour l'histoire [?] une sorte que se présente à tous arrivant et dont copie on avoit envoyé [?], jointe à Nancy à l'intendance. Sous une gallerie très belle et très spatieuse pour promener à couvert les buveurs, il y a une espèce de chapelle sans autel fermée d'une grille, lorsqu'on descend quelques degrés dans cet endroit on est [?] la fontaine des buveurs dont la source est dans un réservoir de pierre fermé à clef et fort par deux tuyaux de fer de pied de stat d'un crucifix (très mauvais morceau de sculpture) accompagné de deux inscriptions très fades. L'eau de cette source est à quarante sept degrés du thermomètre et 11 degrés de la [illegible].

67 en dessous au [illegible] au milieu de la rue un grand

bassin de marbre qui forme le bain publique, lequel reçoit l'eau de plusieurs sources dont l'une est à soixante un degrés du thermomètre et douze degrés de baromètre : des deux côtés de ce bain sous les parapets de la rue il y a des galeries voûtées qui communiquent aux maisons voisines et à la masse d'eau du bain il y a des rideaux qui se tirent le long des arcades pour cacher les baigneurs. La source dont vient d'être parlé est la chaudière publique ; les cuisiniers y viennent échauder leurs légumes, têtes de veaux, cochons de lait et les volailles ; pour cet usage il y a un filet d'eau qui communique au dehors et est éloigné du bain.

68. Le bain des dames est un endroit fermé dont l'eau sort d'une source de quarante sept degrés de chaleur : celui dit des capucins, est très propre et très bien conditionné ; l'eau de quarante neuf degrés de chaleur, sort d'un trou rond percé dans une pierre posée par les romains, qui prirent un très grand soin de ces thermes : il subsiste encore un canal bien conservable bien voûté en partie solide, qu'ils construisirent pour le lit de la petite rivière, qui y coule avec beaucoup de rapidité à cause de la grande proclivité du terrain de toute la ville ; proche ce canal est la source des plus chaudes, elle fournit très peu d'eau, qui coule par deux canaux de fer : ce qu'on que l'on assure que sa chaleur allait jusqu'à quatre vingt degrés nous n'en avons trouvé que 69 par ce que les canaux se sont qu'à l'air et l'évaporation en diminuent considérablement la chaleur elle est à douze degrés de baromètre.

69 outre les sources des bains il y a beaucoup de sources d'eau très chaudes sur lesquelles on a pratiqué des étuves près des maisons d'aux environs. La chaleur de ces étuves est excessive et si la raré-faction de l'air occasionnée par la chaleur, n'était modérée par les vapeurs aqueuses il ne serait pas possible d'y entrer. C'est surprenant d'en voir sortir des femmes presque toujours très délicates et fort

[illegible] Etuves : il faut que la nature est bien des torts à notre égard ou que nous l'ayons bien offensée pour mériter un pareil supplice.

70 outre les sources chaudes il y en a de froides et savonneuses à Plombières. l'une des sources savonneuses est dans le jardin des Capucins, le fond de cette grotte [illegible] et est tapissé d'un lichen d'un beau vert qui produit un effet agréable, et quoique les jeunes [illegible] de temps à autre la verdure de ce tapis, la plante vigoureuse qui le forme répare en très peu de temps ; il y a une autre fontaine provenant de la même source qui donne sur la rue elle est fermée ; l'alkali fixe la trouble. l'on nous a assuré que lorsque l'on a reconstruit cette fontaine, l'on a tiré des environs de sa source des masses considérables d'une matière molle blanche d'une onctuosité, ayant l'extérieur et une partie des propriétés du savon : et effectivement ayant fait fouiller dans la fontaine avec un outil de fer l'on en a détaché un morceau de cette substance savonneuse qui est très blanche a la consistance du savon qui n'est pas encore bien affermi cette matière adhère aux dents, ne fait aucune effervescence avec les acides, elle a l'extérieur aussi d'un quartz molle et [illegible]. nous avons trouvé ailleurs un morceau considérable de cette substance nous en parlerons en son lieu.

71 en sortant de Plombières la gorge s'élargit un peu l'on en a profité pour faire une plantation d'arbres sur un sol bien réglé qui forme une très belle et très grande promenade qui conduit à la papeterie qui est considérable. Le papier que l'on fabrique est assez beau sans avoir été surpris de sa blancheur attendu que les eaux de la rivière et celle qui descend des rochers aussi abreuvant les chiffons dans les mortiers, font connaître, ainsi que [illegible] rivière et tous les ruisseaux des environs.

72. à une lieue et demie de Plombières il y a une ancienne fouille de mine abandonnée, parce que le minerai a été reconnu pauvre et réfractaire. ce minerai est de la blende ressemblante à la mine de plomb dite galène. elle est cristallisée en lames parallèles, dont les groupes sont séparés par des couches d'une substance blanche mi-quartzeuse ; il y en a aussi une espèce de rouge qui est la fausse blende rouge. ce minerai [illegible] rassemblé en [illegible] ferrugineux, n'est point soluble dans les acides, exposé au feu dans

au creuset avec l'alkali fixe du sel marin et du charbon en poudre fondue que la surface a donné des scories fort brunes et a imprimé au creuset des vernis martiales : la flamme qui en a sorti étoit d'un jaune obscure, et a exhalé une odeur sulphureuse et une semblable à celle du phosphore qui tient de celle de l'arsenic. un morceau de cette même mine exposé seul sur un têt à la tuyère d'un gros soufflet entre les charbons n'est fondu que très superficiellement malgré l'activité du feu n'a pas donné de flamme bleue ni d'odeur sulphureuse arsenicale. la portion qui s'est fondue a donné une scorie ferrugineuse, le quartz s'est vitrifié et l'intérieur du morceau qui n'a pas diminué dans deux lignes est resté dans son état naturel, tandis que la tête a fondu.

73 Cette Blende contient un peu de fer sans doute du souffre et de l'arsenic ; peut-être un peu de zinc si l'on en croit la couleur de la flamme qui en sort ; mais l'essai [illegible] du contenu de l'argent ne donne pas les frais du traitement ; nous n'avons point d'autres essais qui soient exacts, et qu'il vaudroit bien mieux tenter : il y a aussi près de Plombières du quartz phosphorique.

74 En sortant de Plombières on monte une très longue montagne toujours composée de gros granites, et de granit chargé de mica ; lorsqu'on est sur la hauteur, l'on commence à apercevoir des forêts de sapins ; plus on s'avance plus on trouve de granits et de petites [illegible] rouges, gris et jaunes ; avant d'arriver à Remiremont l'on descend par gradation dans une vallée, dans laquelle les fluctuations de la mer sont bien sensibles, par des amas épars de gros cailloux roulés, tels que l'on en voit sur les grèves de la mer : ces amas de cailloux sont recouverts d'herbes et forment des bandes transversales de figure prismatique qui tiennent toute la vallée qui rejoint celle de la Moselle, pour descendre à Épinal. près de Remiremont commencent les forêts de sapins ; elles sont encore mêlées de quelques autres arbres. nous avons vu dans le canton sur le penchant d'une montagne, trois sortes d'arbres d'une forme et d'un caractère bien disparates. sur la cime de la

de la montagne des sapins s'élevoient aussi qui semblent percer les nues: sur le flanc un peloton de bouleaux dont les rameaux trop foibles pour porter leur feuillage épais, semblent pendre en bas, ce qui leur donne un air de tristesse et de nonchalance: au pied de ce mont étoit un cordon de chênes dont les membres volutés se soutenoient horizontalement malgré leurs poids énormes. parmi les arbres s'élevoient des belles digitales.

75 Remiremont, ancienne ville sur la Moselle, à laquelle Romaricus donna son nom; indépendamment de cette étimologie qu'elle pourroit tirer son nom de sa situation car elle regarde les montagnes de tous côtés *Miraus Montes*. cette ville est fort jolie, d'une situation riante, bien bâtie, en pierre de grès, de granit, de porphyre, et d'une pierre rouge tachetée de blanc qui ressemble beaucoup à de la terre cuite, et que nous croyons en être véritablement. Le Chapitre des dames chanoinesses occupe une grande partie de cette ville. Le palais abbatial occupé par Madame Christine de Saxe coadjutrice est nouvellement bâti. L'église paroissiale est assez mal. Les cimetières sont remplis de tombeaux, les uns élevés, d'autres formés seulement par des pierres plattes sur lesquelles l'effigie des morts sont en bas relief, d'autres grillés d'autres découverts en pôles.

76 Sur une montagne fort élevée qui commande la ville est ce que l'on nomme le Saint Mont situé près d'un bois un couvent de bénédictins qui est la première origine du chapitre; parceque lors de la fondation le couvent étoit pour femmes et pour hommes, mais dans le dixième siècle après les incursions des hongrois, les femmes descendirent au bord de la Moselle et les moines restèrent sur la montagne, sur laquelle il y a une mine de cuivre très bonne; mais les moines s'opposent à son exploitation, parcequ'ils craignent qu'on ne fouille sous leur couvent. toutes les autres montagnes qui environnent la ville sont couvertes de roches de granit dépouillées et arides

d'un accès très difficile et dont quelques uns sont si escarpés qu'ils sont absolument inaccessibles.

77 Nous sortîmes de Remiremont le 22 juin en remontant la Moselle. Un peu au dessus de Remiremont l'on trouve dans le sein au pied de la montagne une source d'eau chaude que l'on nomme Chaude-fontaine. Cette source est négligée, elle est de la qualité de celles de Plombières. La gorge de la Moselle est fort serrée, elle est formée par de très hautes montagnes dont les unes ne sont que des rochers chenus et arides, d'autres sont couvertes de forêts de sapins et autres essences de bois. Les cultures dans cette petite vallée sont chanvre, orge, lin, peu de froment, beaucoup de seigle d'automne et de printemps et des pommes de terre; l'on n'y voit pas un seul noyer, ni même peu d'arbres [illegible] — Cette gorge est assez unie jusqu'à la Roche, village qui tire son nom de plusieurs bancs de rochers qui traversent le vallon. Avant d'arriver à la Roche dans le bois de [illegible] il y a une fontaine minérale acidule ferrugineuse. L'on voit sur la route à [illegible] le flanc d'une montagne percé d'une gallerie qui a servi à exploiter une mine de cuivre; cette mine est abandonnée et ruinée, ce qui ne nous a pas permis de la visiter.

78. L'on rencontre le long de la vallée beaucoup de troupeaux de chèvres que les enfants mènent paître sur les montagnes: ces animaux s'écartent dans les rochers pour chercher dans les buissons dont ils sont couverts leur nourriture. Les petits pâtres craignant que leurs chèvres ne s'écartant trop ne deviennent la curée des loups; lorsqu'ils s'aperçoivent qu'il y en a quelques unes égarées, ils frappent avec une pierre sur une petite boîte qu'ils ont pendue à leur ceinture, laquelle est faite en forme de tambour de quatre à cinq pouces de diamètre, au bruit toutes les chèvres du troupeau accourent de toutes parts et environnent leur conducteur qui ouvre sa boîte et leur donne un peu de son et de sel qu'elle contient: les chèvres sont fort friandes.

de montiers jaloux et leur de flatter de ce petit regal qu'ils rassemble au bruit de la caisse qui en est le signal. nous n'y faisions le soir que par ostentation, ayant demandé de quel usage pouvait estre cette boëte que nous voyions attachée sur le nombril de tous ces petits garçons; nous dans nos courses nous trouvames sur un rocher, un troupeau de chevres esparses sans conducteur — nous frapames sur une tabatière de racine vuide, dans l'instant toutes les chevres nous entourerent dans des attitudes flatteuses que je leur eusse établi notre [illegible].

79 arrivé au village de [illegible], nous apprîmes qu'il y avoit dans les environs beaucoup de mines, dont quelques unes étoient enflammées encore, quoique nous nous y arretâmes pour nous faire conduire sur les lieux. nous passames la rivière sur des sables et des graviers d'une grande beauté par leur éclat et leur variété. au pied de la montagne du bois de — remonchamps nous rencontrames un convoi funeraire, le cercueil étoit porté sur les épaules de quatre hommes, plusieurs et quelques femmes l'accompagnoient avec des signes de douleur, nous passames pour nous arreter aux êtres vivants, mais notre conducteur sans que nous nous en apercevions s'étoit — arreté pour dire une prière et jetter un peu de l'eau bénite, dans un enfant portant une provision avec un [illegible] de papier lorsque notre conducteur nous eut rattrapé, il nous dit que les gens du pays nous avoient pris pour des anabaptistes parce que comme eux nous n'avions pas suivi l'usage funeraire des lieux.

80 nous montames ensuite dans beaucoup de grands bois de remonchamps, qui sont composés entièrement de bois de hêtre, sans aucune autre espèce de bois, ainsi que quelques autres petits bois voisins situés sur la croupe de la montagne. — les bois sont très mal exploités, lorsqu'on [illegible] la futaye [illegible] taillis futaye: le sol en est entièrement couvert de brousailles qui une troisième partie en fleur et partie chargée de fruits que les enfants ramassent. parvenus sur la montagne nous fumes entrés sur le territoire de la france, le [illegible] sur lequel nous — avancions nous fournissait sur la croupe de la montagne qui

qui sert de frone à la Valé de L'onguion qui vient à Sure
engouffré de cette montagne nous avons trouvé la gallerie de
Seremme de Brades qui contient du cuivre du plomb et de l'argent
pour ~~[illegible]~~ cette mine dont suit la description.

81 arrivés à la montagne, sur le penchant à cent toises — au dessus de sa profondeur d'où l'on découvre Sure qui n'en est éloigné que de six lieues, nous trouvames l'ouverture de la gallerie de la mine, les machines pneumatiques et [illegible] avec ouvriers de la loge des Mineurs, pour nous procurer des outils et de la lumière; mais pendant que nous étions occupés à chercher et à considérer les environs; le Sergent de la mine qui étoit dans l'intérieur arriva au palange et deux petits garçons qui poussoient chacun un chariot de minerai, et nous prièrent de lui donner pour des volants qui cherchoient sa poudre. Il fut trouvé agréablement, il nous fit beaucoup de protestations de service qu'il effectua et que nous reconnumes; la gallerie étoit très obscure, nous n'avions qu'une lampe et nous étions six — cette lampe ne pouvoit éclairer qu'un seul; car quoy que je preferai de la laisser à mon fils et je fis le devant en un chariot que je poussai devant moy, sans rien que de dans la mine; pour entendre ceci, il faut connoitre le chariot et sa manoeuvre.

82 Le chariot qui sert au pillage de la mine de la gallerie est une caisse de bois de sapin de douze pouces de largeur et vingt quatre de longueur et quatorze à quinze pouces de hauteur devant et de dix sept à dix huit derrière, monté sur deux essieux de fer et quatre roulettes de quatre pouces de diamètre; au milieu de l'essieu de devant, il y a une broche pendante plus bas de deux pouces que la base des roues: cette broche sert à diriger la course du chariot entre deux — madriers de sapin posés horizontalement sur le sol de la mine, — dans toute la direction de son étendue, en sorte qu'en appuyant

plusieurs marches pratiquées les deux mains sur le derrière du chariot, on lui imprime un mouvement progressif, dont la vitesse se mesure sur la marche de celui qui le conduit et le poids de la puissance, par l'ouverture de l'angle formé par les mains les pieds et la courbure du corps du moteur. Le train de devant du chariot est mobile en tous sens pour pouvoir tourner dans les détours des galeries alors les roues de devant font seules la [illegible].

83 J'y prends un chariot vide et j'entraîne la femme dans l'une partie de la mine ainsi que quelques autres personnes, nous marchons dans l'obscurité la plus absolue sur une ligne de deux cent toises au milieu du bruit des chariots multipliés par la voûte de la galerie. Ce petit voyage ne me parut très long : plus [illegible] possible d'un côté d'un autre nous recevions de temps en temps des douches d'eau qui tombent de la voûte, le défaut d'habitude de parcourir cette voûte ténébreuse nous faisait faire des écarts des madriers pour mettre le pied dans le canal d'eau qui s'échappe vers le bas : tous les accidents nous faisaient désirer d'arriver au bas : enfin nous parvînmes à la croisée de la galerie. Là nous trouvâmes un filon qui croisait le principal à angle droit nous suivîmes celui sur la droite deux cent toises de longueur où nous trouvâmes un mineur qui détachait la roche, la gangue et le minerai. Le filon de la mine avait à cet endroit neuf pouces de largeur sur trois pieds de hauteur. Le filon opposé au précédent était composé d'une autre mine et avec aussi le même volume que celui sur la droite et de même profondeur. Le filon principal depuis la croisée était [illegible] par le [illegible] en ligne droite à dix toises de profondeur au delà des autres filons et présentait une [illegible] qui en rendait la surface du filon. C'est là que deux ou [illegible] pieds de massif.

84 Beaucoup de quartz fait la gangue de cette mine du fer cristallisé en forme de [illegible] encadré de verd(?) de gris et de roche fondue, la gangue du quartz contenant du cuivre

de quartz contenant des plombs purs, des plombs tenant argent
ainsi que spath feuilleté. Le minerai se détache du rocher
que par le moyen de la poudre; j'ai vu le mineur faire des trous
d'un pouce de diamètre, de douze à treize pouces de profondeur.
Ces trous sont dirigés autant [illegible] [illegible] les
uns des autres, [illegible] la roche est d'un tissu serré. Le trou
se commence avec un ciseau comme un [illegible] tranchant
puis il se continue avec un poinçon à cinq pointes
dont une au centre et quatre distribuées également dans la
circonférence; le mineur frappe avec un maillet sur la tête
du poinçon et le fait tourner un demi [illegible] main gauche, afin
d'égrainer la roche plus facilement; et afin d'empêcher que les
petits éclats ne lui jaillissent dans les yeux, il porte à travers
une rondelle de feutre, le poinçon [illegible] toute l'orifice
du trou. Lorsque le trou de la mine est percé, on y coule
une charge de poudre à canon, l'ouvrier introduit un stilé de fer,
autour duquel on enveloppe une bande légère de linge imprégné
de poudre à canon, pour conduire que le feu à la mine assez
lentement pour que le mineur puisse s'éloigner: ensuite il remplit
le vuide avec de la brique pilée, légèrement humectée, il retire le
stilet, met le feu, se retire, car la [illegible], qui ne pourrait
s'éviter que la raréfaction de l'air occasionnée par l'explosion
épouvantable dont le bruit est multiplié par la voûte et la longueur
de la gallerie.

85 Tout ce qui se détache est mené confusément avec des chariots
hors de la gallerie et on précipite aux morceaux que l'on
conduit à la fonderie qui est à une lieue de la [illegible] toutes
[illegible] [illegible]: les morceaux de plusieurs [illegible] et qui ont
un mérite distingué, sont portés au directeur; après avoir bien
examiné le fond des galleries nous nous munîmes de plusieurs
lampes que nous y trouvâmes pour nous éclairer dans le retour
et pour examiner toute l'étendue de la gallerie qui avait [illegible]

de hauteur et quatre pieds de largeur, chaque côté coupé perpendiculairement sur le fond et rangé horizontalement d'autant. Le cadre des madriers de sapin de deux pouces d'épaisseur et douze à treize pouces de largeur, séparés par un intervalle suffisant, pour passer la brouette pendant des chariots qui sont à les diriger. à côté sur la gauche est un canal d'un pied de largeur et de quelques pouces de profondeur, dans lequel s'écoulent toutes les eaux qui distillent ou qui se précipitent de la voûte et des côtés de la gallerie. Les mineurs par les moyens les plus simples, détournent les eaux qui tombent de la voûte avec de petits bourrelets et de petites gouttières qu'ils arrêtent dans un sens incliné, de manière que les eaux suivent leur direction, pour gagner les parois de la gallerie; par ce moyen on n'est pas inondé dans le trajet, [illegible] qu'il ne survienne quelque accident ou dérangement.

86 Le fond de cette gallerie contient un air extrêmement raréfié, parce qu'il n'est point passé par la circulation de l'air extérieur, avec lequel il n'a point de communication: ce qui ne permettrait pas aux ouvriers d'y respirer ni d'y tenir des lampes allumées: c'est pourquoi l'on a imaginé des moyens pour fournir une colonne d'air, non seulement pour rétablir l'équilibre et pour la facilité de la respiration des mineurs et l'inflammation des matières combustibles pour éclairer; mais aussi pour fournir un air nouveau qui force celui qui en a perdu et chargé de vapeurs minérales à sortir au dehors. On se sert à cet effet de deux moyens qui sont l'effet de la trompe et celui du ventilateur.

87. La trompe est le moyen le plus simple et le plus utile pour introduire de l'air, pourvu que pour laquelle on emploie les eaux qui inondent la gallerie, et qui sont reconduites au dehors par une petite pompe ensemble, et sont portées par un chenal dans un tuyau perpendiculaire de quinze pieds de hauteur, qui

introduit cette eau dans un tonneau du volume d'un muid de Normandie. La base de ce tonneau porte sur un bassin, dont les rebords ont six à huit pouces de hauteur ayant une élévation à sa partie supérieure proportionnée de façon que [illegible] échapper autant d'eau qu'il en sort par un trou quarré pratiqué à la base du tonneau. L'eau qui tombe du tuyau dans le tonneau est reçue sur une pierre de quinze à seize pouces de grosseur élevée au centre du tonneau de vingt quatre pouces de hauteur. L'eau en se précipitant avec force par le tuyau élevé entraîne avec elle beaucoup d'air qui suit la direction de sa colonne, et qui s'en débarrasse lorsque l'eau précipitée sur la pierre s'est divisée en molécules infinies. alors l'air circule dans le tonneau, il ne peut remonter par l'ouverture par lequel il est entré avec l'eau, parce que le canal qui y aboutit est toujours rempli d'eau qui se précipite continuellement; il ne peut passer avec l'eau qui s'écoule parce qu'il n'y a point de communication libre; mais il s'échappe par un trou percé [illegible] aux deux tiers de la hauteur du tonneau, qui communique à des tuyaux de bois de sapin qui s'emboîtent aux jointures l'un dans l'autre et courent en attaché à la partie supérieure de la gallerie, et vont aboutir jusqu'au fond où on les allonge (?) à mesure que la gallerie se prolonge. Là il porte un petit courant d'air capable seulement d'entretenir la lumière d'une lampe mais qui suffit pour rétablir l'équilibre nécessaire. Lorsque les eaux de la gallerie ne donnent pas un volume assez abondant, ce qui arrive après de longues sécheresses, on se sert des eaux supérieures de la montagne, que l'on dirige par une tranchée parallèle à la pente (?) et qu'on place dans un puits de trente pieds de hauteur, pratiqué près du débouché de la gallerie et dont la base est au niveau du sol de la gallerie, le tuyau qui vient l'air communiqué avec celuy de la premiere trouée pour le porter au fond de la mine.

88 Lorsque l'on ne peut employer le secours des machines par defaut d'eau, l'on se sert d'un ventillateur que nous avons trouvé logé, dans un enfoncement pratiqué dans la gallerie. Le ventillateur est composé d'une [illegible], dans laquelle des arbres de bois adherent aux roues qui se meuvent par l'effet des deux [illegible] Le mouvement de la roue attire une colonne d'air neuf qu'elle force d'enfiler un canal qui la porte au fond de la gallerie et en chassant l'air qu'il y trouve l'oblige de sortir au dehors. malgré le moyen nombre de personnes qui dans le souterrain une respiration laborieuse et les defaillances [illegible] de notre conducteur y prouveront les accidents dans le sejour que nous y fimes je ne m'en suis ressenti d'aucun effet.

89 nous avons trouvé dans l'étendue de la gallerie des branches de filons qui ne sont point encore attaqués, mais ils se perdent dans la suitte et le coupent transversalement: nous observons que toutte la gangue de cette gallerie est une matiere [illegible] fondue ce que nous rappellerons dans nos observations physiques generales.

90. Le sergent de cette mine c'est à dire le conducteur, est [illegible], il gagne vingt quatre livres par mois, les deux mineurs compagnons gagnent chacun vingt livres, les deux petits garçons qui [illegible] la mine c'est à dire qui poussent les chariots gagnent à proportion ils nous ont dit que les anciennes denominations aux filons etoient tirées des heures du soleil; c'est à dire un filon du midy est un filon dirigé au meridien un filon [illegible] du matin est dirigé à l'est-sud; celuy qui est dirigé à l'est-sud-est est un filon de neuf heures; celuy [illegible]-sud-ouest est de trois heures et on les [illegible] encore ainsy.

en filons perpendiculaires, obliques, plats, horizontaux, et couches qui sont paralleles a l'horison : la mine de Bois est perpendiculaire. nous en trouvames en parcourant la cime chemin de la montagne un qui etoit oblique et de six heures : ce filon n'est point attaqué, c'est la chute de quelques filons qui s'elevent : il est bien plus commode d'attaquer ces filons par le flanc de la montagne, que par la cime, parce que l'epuisement des eaux, la conduite des deblais, le jeu des machines, et la manœuvre en general en sont plus faciles et beaucoup moins dangereux et moins dispendieux.

91 Le minerai de cette mine est porté aux fourneaux de Chateau-Lambert et ensuite a la fonderie qui en a une lieue et demi de cet endroit et que nous n'avons pas vue parceque nous nous proposions d'en voir d'autres.

92 En sortant de cette mine nous avons parcouru les rochers de la cime des montagnes, parmi lesquels nous avons trouvé de petits étangs empoissonnés de truites et de carpes : nous sommes enfin parvenus au sommet sur lequel on a arboré trois croix de bois sur les ruines de l'ancien Château Lambert, qui a donné le nom au village situé au montagnes et dans lequel nous sommes descendus a vol d'oiseau par des precipices fort facheux.

93. Château-Lambert village de franche Comté est environné de montagnes riches en mines : c'est la retraite de tous les mineurs du pays, qui exploitent les mines des environs : le ruisseau qui le traverse et qui est la source de l'Ognon, fait mouvoir deux usines; l'une est une batterie qui sert tantot a faire du tan, tantot a faire de la glu : l'autre usine est un bocard a mine.

94 La glu dans cet endroit se fait avec de l'écorce de houx agrifolium cet arbrisseau connu et devenu tres rare on fait bouillir l'ecorce dans de l'eau jusqu'a ce qu'elle cède à l'impression du doigt, on l'enferme ensuite dans un linge, pour l'enfouir dans la terre pendant quatre ou cinq jours, pendant lequel temps elle subit une espece de fermentation qui atténue le parenchyme et developpe les parties muqueuses. après l'avoir tiré de la terre on

pulvère les pellicules extérieures, puis on la met sous les pilons de la
batterie, jusqu'à ce qu'elle soit réduite en pâte molle et uniforme, on jette
cette partie dans un courant d'eau bien froide, pour enlever les fibres
les corticales, et les parties extractives: alors la glu est faite et se
vend quinze sols la livre.

95. Le bocard qui sert à piler la minerai des montagnes des
environs est composé de trois jeux de pilons de trois chacun de sept
pouces de grosseur et de onze pieds de hauteur, elle sont élevés par des
fortes cames posés à tiers point dans un arbre mu par l'effort d'une
roue à pot. le tout est placé sous un grand hangar: cette machine
est négligée et n'a pas remarqué au bocard de Sainte-Marie.

96 Toutes les montagnes au dessus de Chateau-Lambert ont été
percées de galleries pour en tirer les mines de cuivre, et de plomb riche
d'argent qu'elles contiennent; les décombres qu'on en a tiré forment
de nouvelles montagnes considérables: ces mines sont en partie abandonnées, et assez mal à propos car il nous a paru qu'il serait avantageux
de traiter les déblais de ces mines, qui sont les rebus de ce qu'on en a
tiré pour être en forte cy-devant: nous avons trouvé dans ces
déblais de beaux morceaux de mine de plomb cubique, de mine
de cuivre tenant argent et beaucoup de mine de fer cristallisée
près au dessus du chapeau de les mines. nous avons trouvé dans le village
de Chateau-Lambert un mineur assez curieux et expert dans son
métier, il nous a conduit dans la montagne aux mines de Tillot
où nous avons trouvé beaucoup de galleries pratiquées pour tirer
les mines de cuivre tant obliques qu'horizontales de ces montagnes
dans les déblais de ces mines nous avons trouvé des morceaux de
mispikkel ou pyrite arsenical qui ont été fort recherchés
par les verriers des environs pour purifier leur verre.

97 il y a dans les environs beaucoup d'autres mines que nous n'avons pas pu
voir tel celle de Gyromagny à côté de Befort qui contient
du plomb très riche d'argent, la mine de lustre et de charbon de terre
de Champagney. la mine de fer qu'on de cuivre tenant argent. la
mine de pont de faux qui contient du plomb riche d'argent. n'ayant

Hospital de minières nous avons sommes procurés des echantillons de differentes espèces

98. en quittant les mines de Tillot après estre descendus des montagnes, nous sommes entrés dans une huilerie sur la moselle: tout le travail s'opère par l'effet de l'eau. La meule verticale en granit roule sur son bassin qui en donne matière ainsy que les ... de tous les tourbillons. Le rateau du bassin qui ramasse continuellement la matière sous la meule: la presse, meme la spatule qui remue la matière dans sa chaudière sur le feu: tout les agents paroissent des mouvemens relatifs de celuy de la roue qui en dirige le multiplié par des pignons et des lanternes sans confusion.

99. nous sommes rentrés dans l'auberge à Lestrai où nous avons trouvé une abondante quantité de petites truites préparées de divers façons; nous en avons mangé prodigieusement tant à cause de leur grande delicatesse que parce que l'air vif des montagnes et le penible exercice nous avoient préparé un apetit proportionné à la leur. La truite est le seul poisson pour ainsy dire de la moselle: elle en est d'une qualité bien superieure à celle des valées mais nous sommes cependant forcés d'avouer que celle que nous avons trouvé sur les bords de la france du côté de St Claude a encore un degré de qualité au dessus de celle de la moselle

100. Toute la valée depuis Remiremont jusqu'au dessus de Lestrey est remplie de granits gris, jaune, et noir; de quelques poudingues mais une partie des rochers des montagnes en sont composés excepté les plus hauts des roches qui contiennent des mines qui sont beaucoup transparentes, opaques, tranchantes et tres compactes, ressemblantes aux sables vitrifiés de nos fourneaux de fonderie des forges; nous nous permettrons quelques reflexions sur les objets interessans après la relation de l'examen de toutes les mines que nous avons fait dans notre voyage

101 Ces montagnes qui sont de Lestrey sont moins élevées que celles qu'on nomme les Balons qui sont à une lieue de distance de

des premières. Le mineur de Chateau Lambert qui a dirigé notre course dans les mines nous a assuré que dessus le Balon allemand l'on découvrait d'un côté Lyon et de l'autre Strasbourg et tout le pays adjacent et limitrophe de ces endroits : il nous a assuré une particularité plus remarquable, c'est que dans le solstice d'été lorsque l'on passe la nuit sur cette montagne, on voit coucher le soleil tard, quoiqu'il y ait peu de temps qu'il est caché sous l'horizon, l'on cesse de voir la lumière, et qu'il reparaît très peu de temps après, ce qui prouve la grande élévation de cette montagne. L'on se persuadera aisément que quoique les montagnes ne soient pas excessivement au dessus du sol des valées qui les environnent, que leur surface est la plus élevée du continent si l'on observe le cours des fleuves et des rivières qui prennent leur source dans le sein de ces montagnes qui se distribuent dans tous les degrés du cercle horizontal : ce qui prouve une pente de toutte part, de sorte qu'il ne faut monter continuellement pour y parvenir de quelque point de l'horizon que l'on parte.

102 en remontant la valée de la moselle près St maurice au pont de lare, il y a une mine de cuivre fort riche qui tient de l'argent. cette mine est abandonnée ainsi que celle de Bussang qui contient de la mine de plomb et de l'argent : près de Bussang il y a une fontaine acidule fort célèbre par la bonté de ses eaux [illegible] nous les avons examinées avec d'autant plus d'attention que leur usage nous était [illegible]

62/63. 103. Le 23 juin nous arrivâmes de très bonne heure à la fontaine de Bussang où il y a deux sources minérales. la première est la plus célèbre elle est renfermée dans une grande chambre la source sort d'un coffre de pierre par un trou auquel il y a une boucle [illegible] un tonneau et d'un [illegible] ferré pour la tirer en bouteilles. Cette fontaine laisse sur la pierre sur laquelle elle coule un dépôt ocreux ferrugineux de couleur [illegible],

elle fournit environ deux lignes d'eau ; elle fait une très vive impression sur les organes du goût en la buvant à sa source, telle une
liqueur vineuse en fermentation : cette eau est légèrement ferrugineuse,
qualité qui se manifeste par l'infusion de la galle qui la colore
en un instant d'une belle couleur pourpre exaltée. elle est à sept
degrés du baromètre. La seconde source n'est pas si abondante
que la première, elle brunit davantage avec la noix de galle ; elle
est moins vive à boire et est à huit degrés du baromètre. les +
eaux perdent beaucoup dans le transport : ainsi que nous l'éprouverons
cy après. Il y a près de ces sources plusieurs autres fontaines d'eau
douce dont une introduite dans la cuisine du médecin qui
a l'inspection de la police de ces eaux, pour les usages domestiques
mais elle est surtout employée à un art pour le mouvement d'un
tourne broche. La goulotte de cette fontaine répond à un petit
aqueduc mobile qui jette l'eau par un bout dans le creux d'un
mur dans lequel est ajustée une petite roue à lévier de fer
blanc. L'eau en sortant de la roue est conduite au dehors. La
roue fait mouvoir une poulie autour de laquelle est une chaîne
qui communique le mouvement à une autre poulie qui est dans la
cheminée qui fait tourner la broche.

104 Les eaux minérales de Bussang se voiturent dans des
bouteilles goudronnées par lesquelles s'évaporent ou plutôt elles
s'éventent [illegible] dans des quaisses de sapin. Les bouteilles sont
d'un verre d'une qualité bien supérieure à celles du Clermontois, elles contiennent deux livres d'eau, se vendent vingt
sept livres dix sols le cent goudronnées et encaissées : ces
eaux dans l'analyse nous ont présenté divers phénomènes dont
nous allons rendre compte.

105. En débouchant les bouteilles, il se fait une explosion et l'on sent une vapeur comme une fumée légère ; cet ex-
[illegible] mouvement ; versées de haut dans un verre elles moussent
légèrement ; mais le contour du verre est bientôt perlé de bulles

dair qui se dissipe insensiblement ; s'il en sort du fond du verre qui s'élèvent a la surface et imitent la chaine du vin mousseux de champagne s'il y a quelque corps étranger dans le verre plus grand que l'eau et divisé en petites parties : il s'attache après chaque molécule de ces corps étrangers une bulle d'air qui l'élève jusqu'à la surface, où la bulle s'évanouit au point qu'elle communique avec l'air extérieur, laisse retomber le petit corps qui est bientôt saisi par une autre bulle. L'eau de Bussan la mieux bouchée, après un transport de 30 à 40 lieues a perdu au moins un tiers de sa saveur. Si une bouteille d'eau a pris air, par le défaut du bouchon, ou qu'on l'ait laissé ouverte l'eau est alors insipide absolument. une singularité bien plus remarquable en ce que cette eau après le transport ne donne pas le moindre signe de la présence du fer, par l'infusion de la noix de galle, où elle reste plusieurs jours sans changer de couleur, puis elle devient roussâtre et dépose une matière fort intense. cette couleur nous dit que la matière est attirée de la noix de galle. L'alkali fixe versé dans l'eau de Bussan la teint d'une empreinte de la solution. Ces deux corps intérieurement sont très tranquilles : mais lorsque la chaleur de l'estomac commence à agir dessus elle donne des rapports considérables même du crachat dans les nez pierre et le vin mousseux mais moins violemment.

106 six livres d'eau de Bussan soumise aux évaporation lente ont donné vingt six grains de résidu composé de sélénite et d'un sel alkali minéral. Le premier degré de chaleur, occasionne une grande agitation dans l'eau, par le dégagement de l'air qu'elle contient : lorsque l'air s'en est dissipé, la liqueur reste très tranquille et se couvre d'une légère pellicule, qui se trouve ensuite bien brisée et précipitée (c'est la sélénite) lorsque l'évaporation tire à sa fin, on trouve une matière saline qui se dessèche sur les bords : l'acide nitreux versé sur ce résidu, me dit que ces sels partent avec beaucoup d'effervescence et il en résulte une matière blanche très nitreuse. D'après l'examen que nous avons fait de ces eaux nous pouvons présumer qu'elles contiennent, le gaz incoercible et vraisemblablement quelque esprit acide qui a l'air pour base et qui

comprimée dans des entraves, qui sont rompues par la communication immédiate de l'air libre et la chaleur. que cet acide tient aussi en dissolution une portion très légère de fer qui ne teint que foiblement, et que la communication de l'air libre y occasionne en fournissant à l'air contenu dans l'eau et absorbant l'acide volatile qu'il y étoit uni. que sur leur route les eaux rencontrent une matière analogue au Natrum d'Eulles et Moloues une légère portion que se mouvant qui n'est nécessairement de la dissolution de l'alcali fixe par l'acide qu'on décèle essence, rectifie l'air qu'elles contiennent; que la pesanteur interposée, ne permet que lentement les progrès de cette opération, et que leur saveur piquante n'est due qu'au développement de l'air. ces eaux n'ont aucune odeur, semblent légères au montant et au fond; c'est que l'air qu'elles contiennent qui se développe continuellement et dont l'écume plus d'action par la chaleur de la bouche et de l'estomac la multiplie, irrite plus fortement les organes du goût et de la déglutition et les dispose à recevoir plus activement l'impression des parties constituantes de l'eau.

10) Vue des sources de Sar Morelles, sort des rochers de granit qui environnent Dusnang; l'on rencontre en montant quelques pierres qui participent du principe calcaire, et lorsqu'on est parvenu jusqu'à la hauteur, l'on voit se précipiter des rochers escarpés qui bordent le chemin, au milieu des forêts de sapin des eaux qui forment la source de la Thur, qui entre en Alsace par la colline d'Oderen qui est le premier village d'Alsace de ce côté. Il est situé dans une vallée très serrée par des montagnes très hautes formées de rochers escarpés couvertes de forêts de sapin d'une très bonne qualité. L'allemand est la langue du pays, on l'on connaît à apprendre les usages d'Alsace, par les verres de vitres qui ont cinq pouces de diamètre et qui sont ronds et paroissent avoir été soufflés de cette forme. Les parements sont formés par des écailles de verre enchâssées dans du plomb. Les couvertures sont en tuiles...

pointes, sur lesquelles il y a des rainures pour detourner les gouttes de pluie sur la pointe qui se trouve au milieu de la tuile, qui est dessous. ces tuiles ne se recouvrent point de côté, comme partout ailleurs; et pour empêcher que l'eau qui s'insinue entre deux tuiles n'y pénètre, l'on met sous la jointure de ces tuiles une petite aisselle de sapin fort mince, qui reçoit et renvoye l'eau dans son [illegible]. C'est un mal entendu au pays qui loin d'éviter de la dépense constitue en frais de [illegible] construction.

108. Les femmes du village d'Orbey et de toutte la vallée enveloppent leurs cheveux de derrière la teste dans un petit bonnet très court composé d'étoffe et serré de tous côtés avec des cordons: elles ont pour aller à la campagne des chapeaux de paille à bords rabattus très étendus: ces chapeaux sont artistement faits et ornés de rubans colorés; ils couvrent la teste et la [illegible] de ces femmes laborieuses, qui sont d'ailleurs d'une taille grêle et svelte, elles ont peu de gorge et déjà pendante, je n'en ai vu aucune qui inspirât le plaisir pour faire naître le désir; par conséquent je [illegible] de [illegible] et d'[illegible] que de [illegible] et de volupté: les hommes sont nabots, foibles et indolents.

109 Dans la façade des maisons d'Orbey qui sont bâties en charpente et cloisons en façade, il y a point de cheminée, le feu se fait dans un coin de la chambre. la fumée s'[illegible] à une hauteur qui [illegible], dépose entre le plafond et le [illegible] une suye qui forme un vernis [illegible] très brillante enfin elle s'échappe par les parties supérieures des ouvertures [illegible] et [illegible] toutte la maison.

110 Il y a au haut de la vallée d'Orbey [illegible] de ce village des [illegible] depuis [illegible] ans, elle étoit occupée à extraire les mines de [illegible], qui sont très abondantes et très riches dans les [illegible] des environs. L'on prétend qu'il y a une de ces mines qui contient de l'or; il y a aussi [illegible] d'argent [illegible] [illegible] par un ancien mineur qui [illegible] et dans les [illegible] et nous [illegible] nous n'avons pu pénétrer dans l'intérieur de ces mines, parce qu'il n'y a pas

possible de les frequenter sans un tres grand danger les galleries abandonnées. nous avons fouillé les déblais enormes qui en ont été tirés parmi lesquels nous avons trouvé 1° La roche fondue connu a Baudry, Tillot, chateau Lambert, St moriçe, Bussang et autres, mais cette roche affectant dans sa cassure la figure rhomboidale et dont les angles sont tres vifs. 2° La mine de fer servant de chapeau aux mines de cuivre, les unes ressemblantes a de la forge, d'autres a des scories de volcans d'autres cristalisées sur du quartz ou sur du spath, dont la gangue est ressemblante a du mica; les unes figurées en tubercules, d'autres en grappes. La mine de cuivre de ces mines la plus abondante et la plus riche est la mine jaune

111 L'on a trouvé dans une mine sous un filon de cuivre une matière abondante, blanche, molle grasse au toucher et savonneuse. L'on nous a assuré que l'on en a tiré de l'or; nous avons acquis un morceau considérable de cette matière, sur laquelle on voit les impressions de linge dans lequel elle a été apportée de la minière étant alors encore molle. Cette substance, paroit être entièrement analogue a celle que l'on tire de la fontaine savonneuse de Plombière

112. Les Bocards de la fonderie sont a trois jeux de pilons [illegible] et un grand hangard, sous lequel il y a une tres grande quantité de tables a laver. Ces tables sont longues et étroites, les angles de leurs [illegible] inferieurs sont [illegible] et garnis de rebords tout le contour des tables ce qui forme une goutière. L'on pose le minerai sur les tables sur lesquelles il tombe un courant d'eau d'un auge qui est au dessus; l'eau [illegible] de la vitesse par la proclivité de la table entraine les parties les plus legeres dans des auges situées sous les goutières. Les parties les plus legeres du metal qui auroient été formées par la force de l'eau sans les sables, que l'on lave plusieurs fois pour en extraire toutes les parties metalliques qui restent enfin sur les tables. Le minerai qui reste sur les tables du premier lavage est en petits morceaux de trois a six lignes, celuy qui est le residu des lavages subsequents est en poudre mêlé de peu de sable. Le minerai ainsi préparé est

porté a la fonderie qui est voisine, où il y a un fourneau a fondre et le fourneau a purifier. Le feu de ces fourneaux est animé par des soufflets de bois. Les fond dans le premier [illegible] livres de [illegible] carbone, nous y avons trouvé [illegible] de la mine de [illegible], [illegible] fondue, et la matte de [illegible] est a [illegible].

113 en descendant la vallée nous sommes entrés dans la forge de [illegible], où il y a trois renardieres et une quarillonerie, ayant deux marteaux sur le meme arbre. La forge etoit arretée pour raccomoder les roues et leur dégagement(?) [illegible] les [illegible] aussi [illegible] la forge arreté pour les reparations. Les fabriquans de cette forge desirent fer bien fabriqués en barres, quarés, cercles, fer de charue, coutres et enrayures. Le quarillon, la bande cotte et la verge crenelée sont de la plus grande beauté. Le fer [illegible] cent cinquante cinq livres, le quarillon cent soixante cinq et la verge crenelée qui est toutte forgée cent quatre vingt.

114 Les charbons qui se consomment dans cette forge sont de bois de sapin tres gras et bien cuits, [illegible] coupe des arbres en entier pour le faire et [illegible] pas [illegible] : ces charbons [illegible] des montagnes et sont voiturés a la forge dans des banneaux sur quatre roues dont les [illegible] sont entallés de petits [illegible] de bois de sapin [illegible] et [illegible]. Les voitures [illegible] ordinairement [illegible] dix huit a vingt tonneaux et sont traînées chacune par deux bœufs d'une tres grande et belle espece qui sont ferrés proprement et solidement. Le fer de chaque [illegible] par dessus le sabot [illegible] qui leur donne un grand point d'appui pour soutenir le poids des voitures en descendant les montagnes. Cette façon de voiturer [illegible] la force des bœufs [illegible] la totalité des charbons ; quoy que [illegible] des sapins ne soient pas considerables, [illegible] de ne pas les employer dans les charbons, de la [illegible] [illegible]. Le fils du maitre de cette forge nous a paru cultivé [illegible] et [illegible] de l'intelligence, a beaucoup de [illegible] et d'honnesteté. Cette forge tire ses fontes du fourneau de [illegible] qui est situé [illegible] lieu au dessous et dont nous allons parler.

115 La forge au fourneau de Sichwiller les mines de fer de Liège qui se tirent en gallerie dans les montagnes ; il y en a de deux espèces dont une très dure ressemblante a celle qui se fait de chapeaux aux ouvriers de lait de sorbet ; elle est striée tantôt en étoile de gaze carré tantôt la spire ; l'autre espèce de mine de fer est blanche et est d'autant plus attirée qu'elle est plus brillante : elle se tire tant et haute des mêmes mines ; on les casse au marteau en morceaux par les ouvriers ; elles ne passent ni au bocard ni au lavoir ; le laitier qu'elle donne est très bleu ce qui ne fait souvent qu'une portion de fonte. La charge de ce fourneau est composée de neuf grandes rasses de charbon, dix huit corbeilles de mine et quatre de castine, y compris [illegible]. Ce qui donne a six charges des quatre de [illegible] chaque vingt quatre heures deux mille ou dix sept cent cinquante pesant. Comme la fonte est un faible produit, la fonte est d'une bonne qualité. La castine qu'on emploie est une grosse pierre calcaire très dure qu'on concasse pour l'employer au bocard à eau qui n'a pas d'autre usage : il nous a paru assez inutile de faire passer successivement sous les pilons de ce bocard pour en retirer la castine brisée : elle pourrait se battre assez commodément : la crasse qui sort [illegible] de la grille est mise dans de grands auges où elle dépose la pierre triturée, laquelle est [illegible] pour l'employer avec celle qui n'en est pas [illegible].

116. Nous avons suivi notre route dans cette vallée jusqu'au delà de St Amarin, qui est un bourg fort joli, et là on entre dans une plaine immense dans sa longueur le long du cours du Rhin, elle est bornée dans sa largeur au couchant par les montagnes des Vosges, Lorraine et Alsaciennes, au levant par celles de la Suisse et celles de l'empire ; l'on aperçoit sur le revers de ces dernières montagnes au nord la neige dont elles ne cessent jamais d'être couvertes dans les parties

117 Cette vallée qui compose la haute Alsace est arrosée par les rivières de Thur, d'Erbach, de Lauch, et Ill, elle offre un coup d'oeil charmant, tant par la fertilité de ses campagnes que par le grand nombre de villes bourgs et villages répandus dans la plaine couverte de bosquets et qui bordent le pied des coteaux qui servent de base aux

aux montagnes des environs. Les routes sont les plus belles possibles pour la netteté et la facilité du charroi, mais on a négligé les lignes; elles sont fort tortues sans aucune nécessité. Les arbres qui les bordent sont entretenus avec ordre; ornement que nous n'estimons pas nécessaire et que nous croyons au contraire être nuisibles aux voyageurs parce que quand ils sont fort ombrageux trop des routes lesquelles sont fraîches et mauvaises; ils interceptent le coup d'oeil du voyageur qui ne voit devant lui qu'une ligne monotone et bornée, au lieu qu'il devrait jouir de tout l'espace que parcourt le pays: d'ailleurs un malfaiteur peut se cacher derrière un arbre et surprendre celui dont il convoite le sang ou la bourse.

117 Nous avons observé dans cette plaine la même température à peu près que dans celle de Chalons en Champagne; quoiqu'il y ait trois degrés de latitude de différence. L'on y cultive dans les environs d'Ensisheim et de Rouffach beaucoup de fèves de marais, d'orge, peu d'avoine, du mays, du froment barbu et sans barbe, du bled de mars, d'épeautre, des patates. Nous y avons trouvé des noyers que nous avions perdus de vue depuis Vaucouleurs.

118. A Ensisheim nous aperçûmes sur le clocher des Antonins un nid de cigogne; pour y avoir attiré ces oiseaux on mettait sur la pointe du clocher une roue de chariot et dessus une couche de paille et de broussailles qui formait l'aire dans laquelle il y avait trois petits et la mère qui s'opposa fortement à ce que nous prissions ses petits; arriva à l'instant le père qui apportait à sa famille des grenouilles dans son bec. Ces oiseaux trouvent abondamment de quoi se nourrir dans cette partie de l'Alsace, parce que c'est un pays très plat et aquatique, rempli d'insectes et de reptiles dont ces oiseaux purgent le pays: le service qu'ils rendent aux alsaciens leur est aussi précieux que l'étaient les considérations dont jouissait l'ichneumon en Egypte. aussi n'est il permis à personne de tuer les cigognes en alsace

119 De Rouffach à Colmar on trouve des vignes dont la plupart sont de six à sept pieds de hauteur, les bâtons qui les soutiennent ont onze à treize et deux à cinq pouces de diamètre fort mal faits. nous avons vu beaucoup de vignobles et nous sommes [illegible]

justes au Baros en la culture de la vigne est des mieux entendue, rien de si agreable que les costeaux où il regne une uniformité et la graisse; les ceps bien amenagés, espacés exactement forment un terre-plein; la propreté, l'air de fraicheur et d'embonpoint que les vignes respirent, malgré le travail semblant excessif qu'elles exigent ne nous permettent pas de balancer à dire que les vignes du Baros sont les mieux cultivées de la france. César comme le prix de la conquête [illegible] Gratias agimus Baccho lors passa par le Baros en suivant ses conquêtes.

120 avant d'arriver à Colmar on voit sur la route la statue d'une [illegible] qui est sur un pied d'estal fort elevé et tres [illegible] sur la route. derriere elle est un christ en croix orné [illegible] des attributs de la passion suivant l'usage du pays où l'on rencontre à chaque pas des croix des saints barbouillés des agnus et autres pièces de la foi [illegible] dispersés dans le pays qui sont de toute religion differente car l'alsace est un mélange de juifs de chrétiens, romains reformés, anabaptistes et autres.

121 Colmar est une ville considerable fort jolie batie en grès rougeâtre; les maisons comme dans toute la haute alsace sont peintes; les toitures ont une pente tres rapide les pignons sont elevés tres haut en pyramides coupés par des retraites les unes taillées en gradins, d'autres en carneaux, d'autres echancrées en croissant d'une façon bizarre ayant chacun une sorte d'ajustement au haut de leurs pyramides que les cigognes font ordinairement leur aire. nous avons vu de ces especes de [illegible] au faubourg [illegible] entre [illegible] de gray. la [illegible] de l'eglise principale de Colmar est jolie [illegible] beaucoup de grand [illegible] les boutiques des marchands [illegible] les meubles sont d'une grande propreté, il y a [illegible] de petits [illegible] et de petites [illegible] quelques uns de grand[illegible] les meubles [illegible] un [illegible] enfoncé [illegible]; elles sont [illegible] sur le plancher [illegible] d'une chambre, la farine [illegible] dans une auge qui [illegible]

dans la bluterie laquelle dégorge le son par un soufflet comme les
[illegible] aux souffleries et fourneaux à la forge des Navires. L'aiguille [illegible]
agit pour mouvoir le moulin, par une batte qui se fixe dans deux
les dents d'un cercle de fer qui est placé dans l'axe de la roue
volante. L'élévation de l'aiguille ou plutôt son degré d'inclinaison
se règle par un petit cric ajusté sur le support de la trémie.

122. Nous sommes sortis de Colmar le vingt quatre juin
au matin. Les environs de cette ville sont très beaux, c'est la
continuité de la plaine dont nous avons parlé et qui s'étend à
Schelestat dont on aperçoit le clocher de six ou sept lieues. Les
terres de ces environs sont cultivées avec beaucoup d'intelligence et
rendent avec usure étant toujours en valeur; elles produisent
beaucoup de froment, d'orge, de tabac, de choux, quelques colzas
de seigle peu d'avoine. Les prairies sont considérables, mais ne sont
pas d'une excellente qualité, le pays est si plat que les eaux se
répandent trop facilement rendent les prairies marécageuses. La plaine
au couchant est garnie de villes, bourgs et villages nombreux situés à
côté les uns des autres, arrosés par une infinité de ruisseaux qui
descendent des montagnes. La base des coteaux qui forment de ce
côté les plateaux des montagnes des Vosges sont garnis de vignes
et les montagnes ombragées de forêts épaisses d'une grande beauté
la pointe de presque tous les rochers qui saillissent vers le
sommet de cette chaîne de montagnes est amortie par une
forteresse, château ou redoute; point d'appui de l'indépendance
des Rhétiens et des repaires de la férocité des anciens Gaulois: tous
ces objets forment un spectacle majestueux par leur étendue et
leur élévation et agréable par la variété.

123 Schelestat est une fort jolie ville bâtie presque en neuf
à deux étages, dont beaucoup de plâtre que la terre de
Barakeu près Ste Marie; c'est analogue à celui de [illegible]
et de neuf châteaux. Dans l'église principale au lieu de voûte il y a
un grand plafond fait de ce plâtre qui fait un assez bon effet.

124 Benfeld petite ville triste dont tous les habitants très catholiques ont paru gâtés et habitent mal bâti quoique nous ayons vu
beaucoup de couvents [illegible] beaucoup d'orge

chanvres, lins, chanvre, pomme de terre et surtout beaucoup de tabac; si toutes ces choses sont cultivées avec intelligence et avantage, il faut avouer aussi que les terres sont d'une constitution si légère, si faciles à ameublir, qu'elles se prêtent facilement à toute sorte de culture; enfin après avoir apperçu longtemps la tour de la ville de Strasbourg, avoir traversé plusieurs villages dont les maisons sont petites, nous sommes arrivés dans cette ville fameuse à bien des titres.

125 Strasbourg est une ville très considérable, très ancienne, très riche et très commerçante; situé sur la rivière d'Ill qui la traverse et celle de Bruche qui inonde ses fortifications considérables. Il y a plusieurs ponts dans l'intérieur de la ville sur la rivière d'Ill, deux d'eux sont en pierre, les autres sont en bois ainsi que ceux des fortifications. Les quays ne sont point libres parceque les maisons des particuliers avancent sur la rivière, ce qui est très mal entendu; il y a un passage de grâce seulement pendant le jour par une cour du palais Episcopal qui donne sur la rivière.

126. Le salon Episcopal est très beau, bien meublé; nous y avons vu avec plaisir une suite de portraits de la maison de Rohan archevêques régnans, lesquels sont de grandeur naturelle et d'une vérité frappante; le lit de velours garni d'un balustre doré occupe une chambre: dans la salle du conseil, un globe de trois pieds de diamètre avec une sphère de même volume [illegible] dessinés à la main font partie des meubles + somptueux qui la décorent. Dans l'oratoire du palais il y a un attique où l'amour en peinture endormi [illegible] deux petits [illegible], l'un de son carquois dans lequel il puise par méchanceté, l'autre d'une flèche dont la forme est grecque et dont l'usage est un clystère. Cette gaieté d'esprit est faite agréablement; le site est heureux, le dessin agréable, le coloris gracieux; mais l'on ne trouve pas dans le [illegible] la plaisanterie de l'espièglerie qu'on desire. La vieille femme qui nous conduisait nous fit remarquer que cette pièce avait été le réduit de la volupté; plus jeune elle eut excité l'amour et l'entraîné de ses [illegible].

S.S.

127. Les pignons des maisons sont élevés dans le goût [illegible] Colmar [illegible] les plus petites sont en saillie ; l'intérieur en est un [illegible] antique. La plupart des maisons sont en bois et en briques, crépies au plâtre, les autres sont construites en pierre de grès et en briques lesquelles sont composées en plus grande partie d'une terre blanche et d'un volume considérable : les toitures sont d'une rapidité singulière, percées de fenêtres à deux, trois et quatre étages ce qui caractérise particulièrement les bâtiments de cette ville. Les flèches de la plupart des clochers sont couvertes en tuiles accrochées et posées à bain de mortier. On peut dire en général que la charpenterie et particulièrement celle des combles, l'art du couvreur sont encore dans cette ville dans leur berceau. Les fortifications sont nombreuses, très étendues, bâties en partie en brique, d'autres en cailloutages bien entretenus, la place d'armes entre elles.

128. L'arsenal de Strasbourg est considérable, [illegible] d'un nombre prodigieux de canons et de munitions parmi les canons quelques-uns sur l'essai. Il y en a un à deux coups qui est singulier en ce que les deux âmes se chargent par la culasse et lorsque la cartouche les contient la charge est retenue par dessous dans le massif de la culasse [illegible] de métal coupé en quart de cylindre qui se rabat dans une coche pratiquée exprès ce qui forme une pièce composée. Il y a des canons d'une livre de balle en fer battu d'une singulière beauté ; entre autres il y a un chariot qui en porte quatre qui se tirent d'un seul coup de feu. Ce chariot en outre est garni de six lames de sabre de deux pouces et demi de largeur et de quatre pieds de longueur dirigées en tous sens. L'on voit dans cet arsenal beaucoup d'anciennes armures, entre autres celle du Comte [illegible], [illegible] d'un travail exquis et immense : quoique cet arsenal paraisse fournir une profusion, l'homme a fait plus [illegible] dans toutes sortes de machines de guerre [illegible] que celui de la république de Genève, mais il y en a encore trop pour l'honneur de l'humanité.

129 La fonderie des canons est considérable, il y a cinq fourneaux à fondre, cinq grands ouvriers en metaux, une forerie, un atelier. Le modèle n'a rien de particulier, l'on coule les canons massifs sans [illegible] d'ornement au dehors, il n'y a que les armes du roy, le nom du maître fondeur; celui du canon comme pour étiquette; les chevaux [illegible] et des navires et toutes les nations. Le numéro des canons et leur poids sont sur les tourillons. Lorsque les pièces sont [illegible] on les porte aux forets. La culasse affermie dans une espèce de tour à la volée, mise en mouvement par l'effet d'une machine mue par quatre chevaux. L'eau seroit une puissance plus égale et moins dispendieuse que des chevaux, mais c'est pour le roy qu'on travaille. La pièce que l'on fore n'a d'autre mouvement que celui de rotation sur l'axe; le foret qui est une espèce de gros burin [illegible] assujetti fortement contre un gros quarré de fer en adhérence [illegible] horizontal qui en gradue le mouvement progressif à mesure que le foret fait des progrès. Les premiers forets augmentent de diamètre, on les augmente de dix lignes en dix lignes et pour qu'il marche bien et tienne dans la pièce. Le deuxième foret a de petites [illegible] au bout d'une [illegible] de [illegible] diamètre de forts [illegible]. Lorsque la pièce est forée de diamètre demandé on y passe l'alésoir ou polissoir qui ne fait qu'effacer les rayes du foret précédent et rend l'âme de la pièce uniformément. Alors on tire de l'endroit de la lumière laquelle est percée dans un morceau de cuivre mis fortement au vif de la pièce en à vis et écrou [illegible] et que la lumière étoit visée en [illegible] le pratique à la culasse un [illegible] pour placer une échelle de graduation pour pointer exactement les pièces, nous pensons que cette précaution n'est bonne que pour l'école et très inutile pour le camp. Lorsque la pièce a reçu la dernière perfection de l'ouvrier on la charge et la tire un nombre de coups déterminés [illegible], après lesquels on passe dans l'âme le grattoir pour sentir s'il n'y a point de chambres ou de défauts et à la bouche de la pièce un miroir qui renvoye la lumière dans

soleil dans l'eau lorsqu'elle devient alors entièrement le tassé
ou la seconde avec attention et s'il ne s'y trouve aucun défaut elle
est reçue pour les lay au compte de l'ouvrier.

130 Il y a d'autres égards remplis de minuties leur boulets
Boulets. Ces derniers en sortant des fonderies ne sont pas dans
leur dernier degré de perfection; ils sont ordinairement
entre points, ou ils sont inégaux, ou trop forts, ou ils ne sont
pas sphériques dans tous les cas on les dégage des défauts des boulets
à feu, on n'y peut entre introduire: pour pouvoir s'en servir
il est donc nécessaire de les réduire à une forme juste régulière
et proportionnée aux pièces; pour y parvenir à Strasbourg on a
inventé le [illegible] de la forme actuelle outre [illegible] après
avoir été chauffé par un feu de bois dans un four qui a quatre
ouvertures. le four est composé d'un cendrier et d'un foyer on y
le bois tombe dans le cendrier. La flamme s'élève et passe à travers
une grille dans un canal de douze à treize pouces de diamètre
sur huit à neuf pouces de hauteur. intérieurement sur dix à douze
pieds de longueur: aux deux extrémités de ce canal il y a une
ouverture d'un côté le foyer pour tirer les boulets rouges l'autre
à l'extrémité opposée pour introduire les boulets noirs; cette
ouverture se ferme au moyen d'une petite porte. cette dernière ouverture
s'élève perpendiculairement fort haut en tuyau qui attire l'air et la
flamme: lorsque les boulets sont suffisamment rouges, c'est à dire entre
rouge et blanc, on les tire du foyer avec une tenaille. Lorsque les
les boulets de derrière descendent pour prendre la place de ceux
qu'on a ôtés et ils sont arrêtés par un tasseau sur l'aire du
foyer dont la proclivité prévient la descente successive des boulets
les chauds sont portés dans le tour qui est composé de deux roues
qui font mouvoir deux espèces de coquilles de fonte qui entourent
le boulet et en enlèvent les deux tiers de cours: deux hommes
font mouvoir les roues et [illegible] de chaque côté
appuyé fortement contre le boulet un gros [illegible] d'acier, ayant un
long manche, lequel frottant enlève les inégalités de la surface.

de la surface du boulet, souvent jusqu'à trois lignes, on chauffe le boulet à point requis, pour que [illegible] l'attaque [illegible] de toute sa surface lorsqu'il serait suffisamment [illegible] un grosse d'un jour [illegible]. Nous avons vu faire dans la [illegible] cette opération différemment. on chauffe le boulet puis on le forge entre un marteau et une enclume, dont la figure répond au creux de la calibre: le mouvement du marteau fait changer continuellement le boulet de place et [illegible] les pressions sur toute sa surface ce qui efface les coutures; nous avons beaucoup [illegible], [illegible]; nous avons vu [illegible] les polir et les égaliser avec de grosses meules de grès mises par l'eau contre lesquelles on appuyait les boulets sur toute leur surface avec des tenailles à trois mords. nous avons été conduits dans l'arsenal par ordre de Mr [illegible] inspecteur général, ce qui nous a procuré toute la complaisance possible de la part de tous les conducteurs des ouvrages. nous avons [illegible] partout l'admiration du fondeur, les talents et l'intelligence que l'on remarque dans ses ouvrages.

130 La Cathédrale de Strasbourg est un chef d'œuvre de l'art et de l'industrie humaine; mais comme les hommes ne peuvent rien de parfait [illegible] le couronnement de la flèche d'une des tours, l'autre ayant [illegible] une hauteur étonnante la délicatesse de l'ouvrage n'altère point la solidité. cette église fut bâtie dans les treize, quatorze et quinzième siècles d'une pierre de grès très [illegible] très solide [illegible] les ornements; le vaisseau est d'une [illegible] considérable; il n'y a [illegible] tableaux mais seulement quelques tapisseries. Le chœur est fort élevé au fond de la nef; il est terminé par une grille de fer fort basse; mais d'un ouvrage exquis qui ne ferme que le fond [illegible] balustres [illegible] à toute sorte de forme. L'autel est trop simple; il y a deux gros chandeliers de similor [illegible]; au-dessus est suspendu un baldaquin de carton argenté et doré qui ne fait point un bon effet; il ne serait pas [illegible]

Tête de Jupiter qui sort d'une grande couronne. Les vitraux [illegible]
les chanoines de cette métropole sont des plus magnifiques d'un [illegible]
couleur qui en décore le sanctuaire ressemble à un
cabinet de [illegible], où le trône de l'archevêque qui est au centre
prend [illegible] d'une façade. Toujours y apparaît l'art héraldique
ou de la voûte [illegible], caractères des formes, et la [illegible]
de la [illegible] est chargée d'une foule d'armoiries qui forme un
ornement [illegible], mais est au goût du terroir. La chaire
a [illegible] est très jolie mais non pas belle; parce qu'elle est
surchargée de travail si fin [illegible] L'horloge
qui a en dernier lieu [illegible] de l'église, qui a passé pour une
merveille de l'art malgré son peu d'utilité, étonne sur [illegible]
de l'auteur, [illegible] des mouvements
célestes que les [illegible] de [illegible] qui y [illegible] dans un
degré éminent. Voyons les horloges [illegible] de l'église
deux bataires de cloche qu'elle a [illegible] été [illegible] lors des
Guerres: ces deux pièces sont d'un travail admirable; l'un de
ces bataires a dix pieds de longueur et [illegible] de grosseur
à la partie, l'autre a neuf pieds et demi et quinze pouces à la partie
Les autres pièces sont très longues; ils sont battues [illegible]; la
[illegible] de l'[illegible] en [illegible] et [illegible] un beau [illegible]
[illegible] pas [illegible]. Nous
estimons que l'un de ces bataires [illegible] deux [illegible] et l'autre
[illegible] pour des cloches de
quarante et trente-quatre milliers.

131 L'élévation, l'immensité des objets, la multitude des
choses, la délicatesse [illegible] de l'ouvrage du Portail
et des quatre ordres d'architecture des tours et de la flèche
de Strasbourg [illegible] l'étonnement [illegible] le spectateur. [illegible] des
pierres de [illegible] [illegible] trente six
à quarante pieds de hauteur. [illegible] Cinq cent
[illegible]. On monte dans la tour par un escalier [illegible]
jusqu'à la plate forme et [illegible] on monte [illegible]

sont les cloches par quatre escaliers. la cloche la plus considerable
a sept pieds de diametre, la plus remarquable est celle d'argent
qui a environ trois pieds de diametre, elle ne sonne que les jours
de foire. l'on monte dans la fleche par quatre autres escaliers
a jour ascendants d'environ [illegible] dont cinq pieds de largeur
et dix pouces et demi de hauteur. cette tour a cinq cens soix
ante et quatorze pieds de hauteur. Morery et l'encyclopedie se sont
trompés lorsqu'ils assurent que l'on monte a cette tour par
six cent trente cinq marches. j'en ay monté six cent trente
cinq dont environ deux cent de sept pouces et demi et
le reste de dix pouces et demi; en ce compte rapporté par
Moreri copié par l'encyclopedie il faudroit que la totalité
des marches supposé de onze pouces: je n'ai pu monter plus haut
il y avoit encore quarante marches ... [illegible]
qui a coutume de frequenter cette tour les jours de la st jean.
a la hauteur de cette tour l'on decouvre un pays immense et toute l'alsace
le temps gras ne nous permettant pas de jouir de toute l'etendue du spectacle
ou notre vue auroit pu porter; mais trois excursions de huit a dix
lieues a la ronde font un voir de trente et quarante lieues sans la
[illegible] il y a dans la tour une cloche dit guet, qui sonne une trompe
de la nuit, dont l'on donne deux fois l'année; en memoire de la
trahison des juifs, qui avoient donné le signal a l'armée ennemie pour
surprendre la ville dont ils avoient empoisonné les eaux: depuis ce temps
il n'est permis a aucun juif d'entrer a strasbourg. a un pilier de
la cathedrale a coté du choeur il y a une corne monstrueuse qui y est
pendue avec une chaine, peut etre en usage dans les juifs. [illegible]
personne ne put nous donner d'instruction sur cet objet
elle ressemble beaucoup aux cornes de buffle mais trois fois plus
grande que l'ordinaire. l'eglise est couverte en cuivre depuis l'incendie de 17[illegible]

Voyez page 88 a la fin

132 les ponts sont nombreux et fort mal construits tant dans
l'interieur de la ville que sur les fortifications et sont tres considerables
mais beaucoup moins que les deux qui sont sur le Rhin qui se
disperse en deux branches du coté du fort de Kel. ces ponts sont tres
etroits composés d'une charpente en chevalets a moises, fort eloignés les
uns des autres a cause de la longueur des poutres de sapin qui les couvrent

Les roulis de ces ponts sont des madriers de sapin de toute epaisseur et longueur qui s'emplacent a coté les uns des autres. Ce qui donne des secousses souvent facheuses aux voitures qui agitent ces roulis comme les clavier d'une épinette, au point que les quatre pieds sont obligés de se tenir aux lisses des parapets qui sont traitres lorsque mauvaisement en sorte que l'elasticité du poutre et son soutenement, le tremoussement des roulis, le mauvais état des parapets et des garnis, inspirent beaucoup de méfiance et de frayeur aux passagers. Mlle de Montpensier passa le Rhin sur le pont qui conduit à Brisach où elle accompagnoit Louis XIV et elle dit dans ses mémoires qu'elle eut une grande frayeur que tout le genre fussi [illegible] ailleurs qu'à terre mais qu'elle avoit de grandes occasions pour le Roy qui étoit monté à cheval. Les carosses vont très lentement sur les ponts, par ordre du Roy et du magistrat: l'on paye vingt sols par voiture et un sol par personne pour passer le Rhin sur le pont pour aller à Kell.

132 Kell est un fort qui appartient actuellement à la maison d'Autriche; l'on voit d'un coté les armes de Louis XIV qui la fait reparer et d'un autre les effets du canon avec lequel il l'a detruit: l'ouvrage alors étoit en bon état; le reste des fortifications sont negligés; l'on y [illegible].

133. Dans les environs de Strasbourg, il y a beaucoup de guinguettes, où l'on va voir danser les grisettes, les paysannes et les servantes. L'on y trouve des orquestres nombreux et bruiants; les menetriers qui les composent ont leur musique sur les yeux; leurs hautbois, basses, bassons, clarinettes et violons, sont à l'oreille le genre de ce que donne acide un peu vif, sur un gozier d'un homme alteré par la chaleur le premier abord. La suite marque du bien qu'il lui procure c'est un plaisir qui s'accroit insensiblement en effaçant l'irritation de la premiere sensation. L'adresse que l'on execute dans les tumultueuses assemblées, fond aussi [illegible] chaque homme prend

sa famille qui se fit singulièrement par le corps, dans une infinité
de situations bien cadencées; mais ils ont un air si sérieux dans
leur plaisir, tant d'attention à la mesure, un mouvement si décidé
pour marquer la cadence, si peu d'intérêt dans les yeux et
dans leurs attitudes, que l'on peut dire que les gens se
réjouissent bien tristement. Les femmes qui sont un peu
grosses se ceinturent d'un linge, par dessus leur juste
dans l'endroit où leurs hommes les saisissent avec leurs mains
humides et sales, qui y laissent des impressions dégoûtantes
la grande variété qui règne dans les danses tumultueuses
et sans ordonnance, où il y a aucune uniformité dans le pas et
les attitudes des acteurs, offre un coup d'œil frappant
par l'étendue et la grande variété du tableau. après
la danse finie que des sentinelles protègent singulièrement
leur va coire. il y a dans une de ces guinguettes un arbre
taillé à deux étages, où l'on monte par un escalier dans
une salle circulaire qui est pratiquée dans les branches
et soutenue par une charpente cachée dans les feuillages
où ~~Cent~~ cinquante personnes tiennent facilement à table
distribuées en bande de quatre: nous en avons vu une pareille
près l'église cathédrale de St Dié, apparemment pour attirer les
pèlerins chacun consulte ses intérêts. il y a de très beaux
promenoirs hors de la ville de Strasbourg, mais dans l'intérieur
rien près de la Comédie; nous avons vu sortir de ce spectacle
des dames habillées en caraquot une donna la main
à M. le maréchal de Contade pour monter dans sa
voiture, c'est une licence outrée; les femmes ne se couvrent
qu'à demi, leur sensibilité aux impressions de l'air ~~[illegible]~~tion
lieu de perdre une grande partie.
134 Les femmes de Strasbourg ne sont pas jolies, nous vîmes

de picaure dans la figure et dans les ajustements qui est vague au degout. Les vieilles femmes difformes sont effroyables, leur habits aussi lugubre que grotesque et negligé ne contribuent pas peu a les rendre horribles les femmes brulées du soleil. Les jours de fete et de dimanche l'on jouit d'un spectacle singulier qu'offre une population immense qui s'assemble dans le parvis de la cathedralle. L'on y voit une quantité prodigieuse de femmes vetues des habits si bizarres, si difformes et si dissemblables qu'on croiroit que c'est le rendez-vous des femmes de toutes les nations. Les hommes sont plus simples et plus uniformes dans leur habits: ce qui caractherise l'esprit des uns et des autres. L'on distingue les femmes d'avec les filles en ce que celles-ci ont les cheveux tressés et la teste decouverte et les femmes ont la plus partie de leur teste decouverte d'un petit bonnet de taffetas. Les hommes sont nonchalants et paresseux; les voituriers se font toujours porter par leur chevaux meme quand il y en a qu'un a la voiture. L'on voit dans Strasbourg beaucoup de boeufs qui tirent, meme dans le brancard des voitures; ils sont d'une haute stature bien conformés et d'une tres grande force.

135 Le 25 juin nous sortimes de la ville pour aller a l'ecole d'artillerie qui est sur des prairies immenses qui environnent Strasbourg. L'on y exerce plusieurs fois la semaine les canonniers a tirer le canon et a lancer des bombes. Nous avons vu a l'essai des canons dont nous donnons explication plus haut.

136. Lorsque nous avions laissé nos chevaux a Selestat nous avions pris la poste pour les rejoindre, le postillon qui nous a porté de Strasbourg avait un petit cor qu'il a en echarpe pour avertir sur la route que l'on se detourne, c'est l'usage d'Allemagne.

137 En sortant de Selestat pour rentrer dans les montagnes nous sommes passés par Chatenois, environné de vignes cultivées comme aux environs de Colmar; de la a Leberau qui est un gros bourg.

dans une valée tres serrée, par des montagnes fort elevées, couvertes de beaux sapins. plus on approche de Ste marie plus les montagnes s'elevent et la gorge se retrecit au point de devenir [illegible] Le passage du Leber, qui est une petite riviere, formée par les Eaux qui se precipitent des rochers de granit et de roche fondue qui composent les montagnes de cette valée et celles des environs de Ste Marie.

138. Sainte Marie aux mines, est une petite ville de la Loraine-almande qui merite une attention particuliere; elle est divisée par la riviere de Leber en deux parties dont chacune appartient a une province differente. La partie au midy est d'alsace, celle au nord est de Lorraine; en sorte que l'on dit que l'on va en alsace ou en Loraine, lors que l'on passe le pont. La partie de la Lorraine est habitée par des catholiques Romains, il y a une paroisse et un couvent de Cordeliers. L'autre partie est habitée par differens religionaires qui ont chacun leur eglise et leur pasteur separés, un catholique Romain, un calviniste, un Luterien, un anabaptiste: tous de bonnes mœurs, vivant tres cordialement quoyque d'opinions differentes

139. Les montagnes qui s'elevent a d'assez grandes hauteurs autour de Ste marie, contiennent des mines tres riches en differents metaux et autres matieres minerales: l'on y trouve des mines d'argent pur, de plomb riche d'argent, de cuivre et de plomb tenant argent, de plomb seul, de cuivre et cobalt, d'arcenic, de fer d'espagne, de fer. des cristallisations spatiques, quartzeuses et metalliques d'une grande beauté: ces mines sont exploitées fort nonchalamment quoyque tres riches, il y en a cependant plusieurs d'ouvertes. La premiere qui est une mine de plomb est située au midy au tiers de la hauteur de la montagne, la gallerie en perce

horisontalement, mais avec plusieurs sinuosités jusqu'à plus de deux cents toises, sous trente cinq à trente six toises de marne. Le filon est coupé à plusieurs endroits par des branches qui ont été épuisées, et par d'autres qui sont encore intactes. La gallerie a cinq pieds de largeur sur six pieds de hauteur sans y [illegible]. On y trouve des cristallisations quartzeuses hexaèdres et des spathiques dodécaèdres, lesquels contiennent quelques onces d'argent par quintal. Le filon a pour chapeau et quelquefois pour compagnon une mine de fer cristallisée; nous avons vu dans cette gallerie très distinctement [illegible] différentes inclinaisons du filon, et le genre des eaux; des [illegible] ferrugineuses qui déposent sur la roche, qui en forment les parois, un sédiment ocreux et [illegible] des stalactites, lesquels dans la suite des temps [illegible] la matière d'un nouveau métal.

140 La mine d'argent extraite de la montagne est de différentes formes et différemment mélangée; il y en a d'unie au plomb, au cuivre, à l'arsenic, au cobalt, ayant toujours du fer pour chapeau. On y trouve l'argent vierge en cristaux, en cheveux, l'argent corné, la mine d'argent rouge, la mine d'argent grise et la galène. Cette mine est ouverte par trois galleries, une haute, une moyenne inférieure, et une basse qui communique avec l'extérieur. On y entre [illegible] par la plus haute qui [illegible] à plus de moitié de la hauteur de la montagne et est pratiquée horisontalement; [illegible] une ligne fort tortueuse de deux cent vingt toises de profondeur sous cent toises de marne; le filon dans cette longueur s'incline en beaucoup d'endroits de cinquante à quatre-vingt degrés, puis il s'enfonce perpendiculairement de cent pieds de profondeur sur quinze à seize pieds de largeur [illegible] un pied et un pied et deux [illegible]; nous sommes descendus [illegible] en beaucoup [illegible] par des échelles perpendiculaires et nous sommes arrivés à la moyenne gallerie qui communique

a diverses anciennes, qui ont été percés pour épuiser des eaux du filon et sont impraticables actuellement. après avoir parcouru environ trente toises dans cette première gallerie l'on descend de vingt pieds puis remonte de deux pieds et après avoir suivi la mine de vingt toises de longueur avec beaucoup de peine à cause de l'inclinaison du sol de la gallerie qui suit celle du filon l'on trouve un trou perpendiculaire où l'on jette tout le minerai détaché avec la poudre dans diverses galleries adjacentes pour le précipiter dans la gallerie inférieure, d'où on le pousse avec les chariots hors de l'intérieur de la montagne.

141 Cette mine donne presque jusqu'à cent livres de fin par quintal, le filon a jusqu'à quinze pouces de largeur dans des endroits, le minerai peu détaché avec la poudre comme il nous arriva à la mine de Bady: et quand la mine a fait peu d'effet, le mineur frappe dans les environs avec un marteau pour sentir s'il y a des morceaux ébranlés; le son qu'on y perçoit par le creux qui en résulte tel qu'un vase [illegible] de [illegible] laquelle s'il a un [illegible] une veine qui intercepte la continuité; lorsque l'on la frappe à cet endroit rend un son sourd et creux que l'on nomme en terme de carrière une Cloque: alors le mineur à l'aide des coins emmanchés va détacher du roc le minerai.

142. Les voyages souterrains sont très pénibles et effrayants pour ceux qui n'ont pas le courage mâle qui conduit au véritable désir de s'instruire. Les autres professions forment les connaissances de la nature, l'on obtient toujours de l'oracle qui prononce une réponse favorable et satisfaisante: mais les fracas et les profondeurs [illegible] d'accès. pour parcourir ces sentiers tortueux, obscurs et pénibles, il faut être muni chacun d'un large et d'un habit qui puissent garantir des eaux qui découlent des rochers et des saletés que l'humidité entretient contre les parois intérieures des galleries. Les mineurs —

quittent l'un et l'autre; leurs habits sont une espece d'uniforme
qu'ils ne quittent pas meme les festes et dimanches; mais seulement
ces jours ils en mettent de plus propres. cet uniforme est composé
d'un chapeau epais dont les bords sont rabatus les jours de
travail, pour garantir la teste de l'effet des coups presque
inevitables que l'on se donne dans les passages inclinés et peu
élevés ainsi que de l'eau qui tombe du toit de la gallerie, d'une soubre
veste noire faite d'etoffe de laine pour les jours de parure et
de toile pour le travail: cet habit est fendu par le dos, a des manches
qui boutonnent juste, avec une bande d'etoffe rouge le long des
bras ainsi qu'a la botte, et au collet: cet habit n'est ouvert
qu'en partie pour pouvoir le vetir comme une chemise; il est fermé depuis
le bas jusqu'a la hauteur de l'estomach, l'ouverture de devant
la poitrine est garnie de deux revers rouges qui se boutonnent
en haut et dans le passage pour pouvoir porter la main
dans les poches pectorales qui sont en dessous. Le bas de cet
habit est aussi tres court, il est renfermé dans la ceinture
d'un tablier de cuir epais qui couvre les fesses du mineur
et boutonne par devant au contraire de ceux que portent les autres
ouvriers et artisans. Le mineur en mettant son tablier a soin
de soulever le bas de sa soubreveste pour la faire gonfler
comme le haut de ces anciens habits de femme que l'on appelait
vertugadin: cette precaution est pour que l'eau qui tombe
d'en haut soit ecartée par le gonflement qui fait le jet d'eau
et la position de leur tablier circulaire est pour preserver cette
partie de l'humidité, parce qu'ils sont toujours ou assis sur la
partie humide ou courbés en avant en sorte que c'est
toute la partie du dos qui reçoit toutes les eaux qui tombent
de la gallerie. Les mineurs ont aussi un baton magistral
qui leur est particulier; il est haut de trois pieds, ferré au
bout inferieur et garni d'une pointe de fer; il est chamarré
dans sa hauteur d'ornements arbitraires et garni d'anneaux
de fer, de cuivre ou d'ivoire, le haut est une espece de croce
de cuivre ou de fer dont la partie anterieure est une espece de
marteau, la partie opposée est pointue et courbée en crochet

percée de plusieurs trous pour prendre la lampe en cas de besoin. Le vêtement d'uniforme est culotte rouge et bas blancs. Cette sorte d'habits est fort singulier et quoiqu'il ait une sorte d'agrément il est fort salissant surtout dans une Eglise au milieu des [illegible] lors les mineurs ne quittent pas leur tablier [illegible] les jours de fêtes; ils en mettent seulement ces jours une de distinction qui est bien noir et bien poli.

143. La lampe des mineurs est un bassin suspendu à un double crochet dont le premier sert à piquer dans un trou de la roche ou du bâton magistral de [illegible] pour la tenir à la main. Le bassin est de fer blanc ayant un goulot pour poser la mèche, qui est pressée par une feuille de tôle pliée en arc et arcboutée d'un bout contre la partie postérieure du bassin, de l'autre contre la mèche; l'on ne brûle dans les lampes que du suif. Cette lampe peut se poser sur un chandelier ayant au-dessous une gouge pour y être introduite. Il y a d'autres lampes en forme de boîtes pour brûler de l'huile mais elles sont peu en usage, à cause de la fluidité de l'huile qui la rend sujette à être versée dans les mouvements [illegible] qui se font dans la manœuvre. Dans le temps de l'explosion de la mine, on cache les lampes dans les retraites de la galerie dans des boîtes comme des sabots [illegible] pour empêcher qu'elles ne s'éteignent: mais souvent elles le font par la grande raréfaction de l'air.

144. Tout le minerai détaché de la mine est confusément [illegible] porté au dehors de la galerie avec des chariots dont nous avons parlé aux mines de Body: il est ensuite transporté avec des voitures sous les hangars ou sous les [illegible]: là on brise les morceaux: le minerai est ensuite séparé pour être rôti et fondu. [illegible]; on passe tous les morceaux à la main sur un tas de fer, sur lequel on les casse avec un marteau, on passe ensuite le gros du minerai sous les bocards.

pour les griller. Les bocards sont à peu de chose près semblables à ceux de nos forges à fer, mais seulement plus considérables; il y a sur les côtés des grilles de fil de fer, pour passer le minerai pilé, qu'on lave sur des tables comme à Orbeil, on le vitrifie ensuite sur les charbons avant de le passer à la fonderie qui en fait comme les fourneaux des mines de Cuivre et tel que Schlutter nous les rapporte. On passe plusieurs fois l'argent en plomb au fourneau d'affinage, qui n'a rien de particulier qu'un couvercle fait en dôme qui se couvre avec un grand couvercle de fer suspendu par des chaînes de fer à une potence qui tourne sur un pivot pour enlever et retourner le couvercle au besoin. Ce n'est que le charbon qui chauffe le fourneau du dehors; il y a néanmoins des soufflets qui sont seulement à usage de l'autre part du fourneau ce qui oblige de leur communiquer le mouvement de la roue, par le moyen d'un bras à charnière, qui est pendu après la tramaillère, laquelle reçoit la pression de la came par la roue contre laquelle elle porte. Il s'attache au couvercle du fourneau une matière arsenical blanche, dont on se sert dans le pays pour faire mourir les rats et les mouches.

145. L'on purifie l'argent plusieurs fois. Il s'élève sur l'argent une écume qui n'est que de la litharge, qu'on réduit pour en tirer le plomb: il y en a quelquefois quarante-cinq livres l'autre fois au quintal par quintal. La fonte d'argent qui s'est faite pendant la semaine avant que nous vinssions à Ste Marie montait à trois mille marcs; l'on nous dit qu'on l'avait envoyé à M. de Choiseul-Stainville pour les dommages de la fonte de sa vaisselle qu'il avait envoyé à la Monnaie sous le contrôlat de Silhouette.

146. Près Ste Marie il y a une mine d'argent à Ste Croix dont les ouvriers ont entrepris le traitement au compte de la compagnie qui en a la concession, à charge de lui délivrer

Le plomb a vingt livres le quintal et l'argent a quarante huit livres le marc.

147. Les mines de cuivre se traitent a Ste Marie par grillage, fondage et purification; lorsqu'il est purifié, on le fait couler dans une espece de jatte pour former le pain de rosette. Les mines sont en pierres feuilletées, en mattes jaunes et en vertes.

148. Les mines de plomb de Ste Marie sont aussi de differentes especes; il y en a de cubiques, de feuilletée, de verte cristallisée, de blanches et de violettes.

149. L'on trouve dans les ravins des montagnes de Ste Marie, des laves de volcans de differentes especes; ce qui prouve que les mines ont été formées par le feu, que les roches qui enveloppent les metaux ont été fondues et que les matieres metalliques se sont rapprochées par leurs raports respectifs d'affinité. L'on y voit abondamment des granits de toutes les couleurs, du noir parsemé de fer et de la blende, du blanc, de rouge, de verd, de violet et de bleu; des cristallisations quartzeuses d'une grande beauté et de spath qui valent celle de [illegible], des fleurs de fer en stalactite, en arborisations et en incrustations; des mines de fer en ferat d'espagne, en hematites; des cristallisées en houppes, en mamelons et en grappes qui servent de chapeau a toutes les mines et meme de salebandes, adherentes a la roche vive entre les filons. Il seroit a desirer que toutes les mines fussent traitées avec ardeur, nous n'aurions pas besoin de tirer du cuivre de l'etranger pour nos besoins et l'abondance de l'argent pourroit combler l'ambition de nos desirs.

150. Nous fumes sortis de Ste Marie le vingt six juin apres midi par une route nouvelle qui est un chef d'œuvre par la

hauteur de son rang dans le sommet de la montagne de la Valeur bien observé du côté du massif pour y déterminer la pente des eaux, et éloigner les accidens et parle cheval dont le plus est courant cour d'un pareyst de côté du [illegible]. Les Rochers qui composent les montagnes, sont toutes de grains et de petite grandeur: lorsqu'après avoir monté une heure on est arrivé au pas de S^te Marie; on voit les montagnes de Suisse qui sont encore plus élevées et qui sont les plus hautes des Alpes dont la découvre un pays immense, l'Allemagne la Suisse; l'on descend ensuite à Chemin[illegible]ette, on trouve sur cette route les mêmes espèces de pierre et après avoir traversé quelques légères élévations l'on descend à S^t Diez.

151 Saint Diez est une ville de Lorraine située sur la Meurthe qui la divise en plusieurs parties, particulièrement en ville vieille et en ville neuve: elle fut incendiée presque entièrement; il y a un faubourg en sorte qu'une grande partie en bâtie à neuf en grès rougeâtre; il y a des bâtiments en pierre de taille de Jaumont qui font un effet assez agréable. L'hôtel de ville est un édifice considérable sans beauté; la cathédrale est rasée et d'une architecture très simple; il y a dans le parvis un tilleul, dont on dresse les branches soutenues par une charpente, comme celui de la guinguette de Strasbourg, pour en faire un arbre considérable pour couvrir les pèlerins; peut-être pour dire l'été l'office au frais; car les chanoines de cette église sont des seigneurs d'importance qui ont les titres de noblesse allemande. Les maisons de S^t Diez sont à deux étages; le clergé compose une grande partie de la ville. Les montagnes des environs diminuent considérablement en masse et en hauteur: celles au midi sont composées d'une terre rouge de la carrière; la plaine est fort sablonneuse. Le voyageur ensuite voit l'abbaye d'Étival, au dessus de laquelle il paraît de très belles forêts de sapin qui couvrent les montagnes de la [illegible] descend à Raon l'Étape.

152 Raon est une petite ville de lorraine située sur le confluent
de la Meurthe et de l'Etape cette derniere riviere luy a donné
le surnom de Raon l'Etape, ou l'appelle par corruption Raon
C'est un entrepot considerable de toutes les planches de sapin
et de chene qui viennent de toutes les montagnes des environs
particulierement du comté de salm. Les sciages se flottent sur la
Meurthe qui les conduit a Dout a mousson [illegible] entrepos
d'ou ils se conduisent par terre a Bar le duc et a St dizier.
De la ces bois sont flottés sur les riviere d'ornin et de marne
Raon est le dernier endroit ou l'on voye des montagnes et
des sapins.

153. en sortant de Raon pour gagner Baccarat on decouvre
sur la droite des Rochers antiques en couches horisontales, rongés
par le frottement des vagues des Eaux : ce qui prouve qu'ils
ont fait partie des falaises de la mer, lorsqu'elle couvroit le
pays ; que les montagnes qui sont superieures formoient des
vallées, ou des isles de cette portion de mer. Etapé de ces idées
viennent des circonstances bien frappantes : c'est que sur toutes les
montagnes anterieures nous n'avons point trouvé de coquillages
ni de petrifications ; si ce n'est dans un ravin profond de St marie
aux mines ou l'on trouve une pyrite arsenicale petrie d'antroques
et de Belemnites ; qu'a St Diez nous avons seulement commencé
a appercevoir des marnes de terre dans le pied des
montagnes ; que dans la vallée depuis St Diez, Raon Baccarat
Luneville et les monticules adjacents, contiennent une
prodigieuse quantité de gravier de Mer et de sables qui
ont été le jouet des fluctuations des Eaux considerables
attendu le volume de la plupart de ces caillou roulés.

153 Baccarach est un gros bourg renommé a cause de la
verrerie considerable qui y est et qui appartient a l'eveque de
Metz : cette manufacture, occupe pres de vingt cinq arpents
de terrain pour ses potts, fours, magazins corps de logis et

dépendance. M. Robert directeur de la porcelaine, occupe un pla[illegible] logis, un autre forme l'auberge dépendante de la manufacture, pour recevoir tous les voyageurs curieux et acquéreurs. Il y a deux grandes halles pour des fours à ouvreaux, trois pour les fours à recuit, trois pour la tôlerie et beaucoup de magasins. Les fours du verre de vitre, à bouteilles, d'ustensiles de verre et de la tournerie en tout beau verre blanc.

153. Les verres de vitre et les glaces de voiture se soufflent en manchons, qui sont des cylindres de deux grandeurs, les grands ont trente pouces de hauteur et douze pouces de diamètre pèsent jusqu'à vingt livres : les petits ont environ dix huit pouces de longueur et sept pouces de diamètre, pour les faire l'ouvrier, prend au bout de son chalumeau au fond par un ouvreau dans le pot une masse de verre suffisante, il la malaxe sur une table de fer, la souffle comme une grosse vessie alongée, alors il l'ouvre par le bout opposé à celui qui est adhérent à la canne et le dilate latéralement jusqu'au diamètre des deux lignes parallèles du cylindre. Il prend ensuite avec une verge de fer de la matière dans le pot dont il forme un cordon autour du cylindre le plus bas possible du côté de la [illegible] à une mesure déterminée, puis il passe un morceau de fer froid et mouillé sur cette partie échauffée qui fait casser le cylindre dans cet endroit : il le coupe ensuite longitudinalement en passant dans l'intérieur du manchon un crochet de fer ardent qui échauffe le verre quelque temps sur une barre de fer froid qui fait fêler le verre dans la direction demandée. Les manchons ainsi préparés transportés ensuite dans un four de réverbère dont le dôme est divisé en trois parties ; dans la première qui ne reçoit que chaleur douce, il y est introduit par un enfant ; après s'y être échauffé insensiblement et [illegible] par degrés [illegible] par une ouverture verticale dans la seconde partie du four qui n'est séparée de la première que par une cloison de brique. Là il

reçoit une chaleur capable de l'amollir comme on a fait de la posser horizontalement en sorte que les feuilles sont dessus, il s'y a aussi à mesure qu'il se chauffe et une femme qui soigne cette partie l'aide avec un morceau de bois, jusqu'à ce qu'il soit réduit en parallélogramme ensuite on le tire sur une table de verre qui est au milieu de la fournaise et saupoudrée de chaux, pour que ces tables ne se fendent pas. La elle les pousse dans toute leur étendue avec un rable de bois pour l'unir et le polir ensuite elle le pousse horizontalement par une ouverture pratiquée à la partie inférieure de la cloison du fourneau dans la troisième partie qui a un degré de chaleur suffisant pour l'entretenir rouge; lorsque le verre y est entré elle le soulève avec une fourche de fer très mince et le dresse verticalement contre la cloison vis à vis l'ouverture la 1re vitre trois et quatre, dans ce four recevoir le recuit qui leur donne de la souplesse et de la solidité.

154 Les verres à boire gobelets et autres vaisseaux et bouteilles se font avec différentes pièces soufflées et soudées avec beaucoup d'art. L'on y polit, tourne et grave toutes sortes de pièces avec des meules de bois et de différents métaux avec de l'émeri et autres matières, nous n'avons pu voir le travail qui était déjà entravé.

155 Les fours sont échauffés avec du bois de hêtre depuis de longues usages différents des verreries du Clermontois qui n'y brûlent de bois que de douze et quinze jours l'équivalent abus, car plus on dessèche une matière plus il en tombe en non valeur. Le bois arrive à Baccarach flotté à bois perdu par la Meurthe on le tient sécher exposé à l'air, puis on le fait sécher dans des fours qui contiennent quatre cordes et sous lesquels on en brûle une pour sécher les quatre autres: cette opération nous paraît une dépense d'économie bien respectable; puisqu'il y a tant de chaleur perdue qui pourrait être appliquée à cet usage.

156 L'intérieur des fours de cette verrerie se fait avec des

briques composées de la terre blanche de Breiche aux pieds de Troyes en Champagne, cette terre qui se vitrifie à demi comme la porcelaine et qui ne contient point de parties ferrugineuses, on la mêle avec du sable blanc. Les pots avant cuits sont faits avec la même terre, mais préparés avec plus de précaution. Les vieux pots ainsi que les anciennes briques qui ont été à l'usage des ouvrages, sont pilés, servent à une moule pour entrer dans la composition des nouveaux.

157) Les gentils-hommes souffleurs boivent considérablement, particulièrement de l'eau-de-vie, ce qui leur doit être très préjudiciable : un directeur devrait empêcher une pareille inconduite. Parmi les ouvriers il y en a dont on ne peut se lasser d'admirer la propreté et l'adresse : la pâte du verre, matière si aigre et si fragile en d'autres mains, prend dans les leurs les formes les plus difficiles et les plus multipliées ; le séjour du feu, indocilité et la souplesse à tous les mouvements de leur volonté : on peut dire d'eux que d'un souffle ils créent de grandes choses. Tous les ouvriers de cette manufacture ne sont pas dans ce degré de perfection ; nous en avons remarqué qui paraissent beaucoup pour faire peu de pièces estropiées et du bocage.

158. L'on a construit nouvellement à Azeraille un fourneau avec un martinet y joignant, lequel n'est pas encore achevé, et une forge plus loin sous le village. L'on a employé beaucoup de soins superflus. L'on n'a donné ce fourneau deux espèces de minerai : l'une en fer ... de la campagne, l'autre en pierre et une grès ferrugineux très pauvre. Les mines donnent un bien faible produit. La première en fort quartzeuse, ce qui oblige de la passer au crible à l'eau avec beaucoup de dépense, parce qu'elle ne connaît pas dans ce pays l'égrappoir. Des ... de cette entreprise, le chef que nous avons eu occasion de voir, ne nous a paru ne pas avoir les premiers éléments des forges.

159 Nous ne nous sommes point arretés à Lunéville qui est situé très avantageusement dans une pleine qui conduit à St Nicolas et à Nancy nous nous sommes rappelés toutes les beautés que nous y avions vues autrefois *Hic Troja fuit*. Nous connaissions l'exploitation d'une mine d'ardoise sous les murs de la ville de Nancy : - mais les autres fameux s'y sont mal pris ; ne s'étant attachés - qu'à la superficie de cette mine qui n'a en boullie ou feuillets vitriolique et alumineux : il y a entre les couches des feuillets de cette ardoise des cristallisations ou quartz [illegible] brunies : il seroit avantageux de percer plus loin en puits profond et une gallerie, pour profiter de cette - carrière qui seroit si avantageuse à une ville aussi considérable que Nancy. Dont le teneur, la place de Louis quinze, les grilles de cette place, celle des carrières celle d'Alliance, l'hotel du gouvernement les casernes seront toujours considérés comme des objets dignes de la curiosité des voyageurs ces choses d'ailleurs étant pour la plupart des monuments du goût et de la libéralité de Stanislas le Bienfaisant.

Reflections résumées des observations.

160. Nous avons trouvé toute la valée de la Marne composée de pierre calcaire formée par dépôts en couches horizontales. De Chaumont en tirant à Bourbonne les pierres sont pyriteuses participant du gray, pétries de coquilles ; à Bourbonne des sélénites et du gips ; en tirant à Bains des grais homogenes et talqueux ; et de Plombières en gagnant les montagnes des granits et des roches fondues. nous avons remarqué que les eaux de toutes les rivieres qui environne les sources thermales ont une couleur rousse ; que les roches qui longe sur les hautes montagnes, faites de granit fendu et roche fondue n'ont aucune position régulière, que leur masse énorme et illimitée n'observe aucune correspondance avec l'horizon ; qu'ils s

brisé en tous sens, que les fentes qui les traversent dans toutes sortes de directions, sont ou l'effet de la retraite de la matière ou des fractures occasionnées par des secousses violentes comme par des tremblements; que les matières minérales qui remplissent les fentes, y sont ou en fusion métallique ou en dépôt, ou cristallisées; que les métaux ne sont jamais seuls dans leur minière, que le cuivre, le plomb, l'argent, le fer l'arsenic le cobalt sont souvent confondus, tantôt minéralisés tantôt des [illegible] cristallisés enfin sous leur forme métallique tel que l'argent et le cuivre: que les granits contiennent du mica chargé des couleurs métalliques appartenant aux métaux dont les mines sont dans le voisinage; que les eaux qui distillent dans les galeries des mines de haut en bas soit par le toit soit par les parties latérales, forment souvent des courants considérables et qu'en général les eaux abondent plus après les temps de pluies que pendant les sécheresses et [illegible] cent toises de masses.

161. D'après le résumé de ces observations, nous pensons que la vallée de la Marne a été longtemps le jouet des eaux qui y ont déposé leur limon successivement, ce qui a formé des bancs de pierre calcaire de différentes espèces et qualités. que les pétrifications du côté de Montigny les nombreux coquillages qu'on y rencontre annoncent une grande destruction la décomposition de la partie muqueuse de ces végétaux et exaltée aux acides se joignant à la partie phlogistique a déterminé la formation des pyrites sulfureuses, que les pyrites en se décomposant dans des terres composées de parties calcaires et de [illegible] très atténuées ont formé à Bourbonne le gypse qu'on y trouve, que le gravier qui se trouve en suivant sous le pavé de particuliers des roches fondues brisées et amoncelées et emportées par les particules [illegible] de cette roche de toute dans leur, que les granits sont des quartz mêlés de particules talqueuses colorées par les métaux entre lesquels ils ont été roulés et dont ils ont été

séparé par la fusion ; que si les roches de diverses couleurs au fusinque
des matières vitrifiées par les feux des volcans, qui ont opéré sur la
métallisation des diverses substances métalliques qui étaient unies
confusément aux matières de leur composition, sont seulement une
fusion combinée, de plusieurs matières métalliques de différentes —
espèces, qui se sont rapprochées suivant leurs rapports respectifs —
et se sont logées dans les places que la subtilité ou de la —
matière leur a permis d'occuper : que le fer occupe toujours
la partie supérieure par laquelle il se décompose et forme les scories
de cette fusion, lesquelles tiennent par le rapport du poids spécifique
du fer aux autres métaux, que par la raréfaction de sa
substance scorifiée devenue plus légère. N.

162. Nous venons de voir des végétations de fleurs métalliques
dans les entrailles de la terre que nous voyons être imitées
par nos fourneaux de fonderie des forges. Le bourg d'Ouz
nous avons donné la description à l'académie des sciences
dans notre mémoire sur les mines ferrugineuses en mines de
semblable ce que nous avançons, peut être répété maintes
fois ; c'est-à-dire toutes les fois qu'on a vu jetter les yeux
sur ces sortes de masses, qui résultent de la vitrification des
matières employées à faire le creuset de nos fourneaux de
fonderie, dans lesquels on voit une matière vitreuse, brune,
jaune, blanche ; tantôt transparente, tantôt opaque, je crois
autour peu faire affecter une figure régulière et absolument
analogue à ces roches vitreuses qui enveloppent les métaux
dans les masses de nos fourneaux, comme dans les masses de
l'intérieur des montagnes ; il se trouve tantôt une couche horizontale de métal, tantôt un rouillon qui ne communique
avec un autre, que par un filet délié comme un fil très mince
ou non apparent ; tantôt le fer est logé dans les fentes
de cette matière vitreuse, sans observer d'autre direction que
celle que le hasard, ou les circonstances ont déterminée ; ce qui
nous prouve à l'évidence que toute cette chaîne de montagnes, qui
renferme dans leur sein beaucoup de mines, a été embrasée :

par des volcans ; ce qui nous est attesté par les laves que nous avons trouvé dans les volcans de Ste Marie aux mines ; que les feux souterrains sont de toute antiquité la plus reculée ; que la mer a précédé et a couvert ce continent d'un élément plus puissant que le feu, a fait couler la plus grande partie de l'embrasement ; que le principe qui a allumé les volcans dans leur origine n'étant pas détruit radicalement, il reste dans la base des montagnes un foyer qui communique sa chaleur a des eaux souterraines qui filtrent dans son voisinage ce qui échauffe les thermes de Bourbonne, ~~[illegible]~~ de Bain, Luxeuil, Plombières et Remiremont.

163 Nous pensons que la couleur rousse de toutes les rivières qui avoisinent les thermes vient sans doute de quelque mine de charbon et de terre délayée dans les eaux, mine de charbon qui alimente le foyer et dont plusieurs branches paraissent au dehors de la terre à Luxeuil et à [illegible]. Nous savons que la couleur des eaux n'est pas généralement la même : la masse de chaque pays étant composée de diverses substances particulières et chacune en ayant une propre plus abondante ; les parties les plus déliées de ces corps étant détachées par les eaux, leurs molécules modifient diversement les rayons du soleil, les réfléchissent différemment et leur donnent les nuances des sept couleurs primitives : les eaux du Rhône sont bleues, celles des rivières de la Basse Champagne sont blanches, qu'il y en a de jaunes, de noires, de pourpres et de vertes. Toutes ces couleurs prennent leur origine dans les parties détachées ou délayées qu'elles contiennent.

164 Nous sommes persuadé que le système qui admet une bande d'eau chaude circulant comme une zone dans l'intérieur de la terre est démontré faux par la position de tous les thermes de l'Europe qui suivent plutôt les chaînes des montagnes qu'une direction régulière ; que c'est une erreur grossière que de dire que les eaux de pluie ne pénètrent pas plus de trois pieds l'intérieur de la terre et que sa superfi-

Les sources des fontaines ne proviennent point des Eaux pluviales qui se ramassent dans les Cavernes des montagnes, qu'au contraire le sein des Eaux Elementaires, qui sont enfermé dans l'interieur de la terre et poussés a sa surface par une force centrifuge. pour detruire ce sentiment aussi faux que ridicule, il ne faut que quelques voyages dans l'interieur de la terre, l'on y voit des courrants d'eau, qui se precipitent de la surface de la terre et y remontent suivant par les loix de l'hydraustatique; courants qui ne se sont formé que des Eaux pluvialles et de la fonte des neiges lesquels filtrent atravers les premieres couches de la terre - suivent donc les fentes des rochers, se rassemblent dans des Cavernes souvent immense: nous en avons parcouru d'une mille d'etendue, dont le plafond formé par des bancs de rocher enormes inclinés l'un sur l'autre, tous suintoient continuellement une eau limpide et spatique. la partie spatique se congelloit en cristallisations magnifique et la partie pure eau purement elementaire se rendoit dans un abime comme dans un magazin qui fournissoit sans doute plusieurs sources dans des vallées eloignées ou voisines.

165. Qu'il me soit permis de faire icy une reflection sur les avantages particuliers que procure l'air des montagnes. nous avons remarqué que les angles des choses qui y croissent sont plus saillants que ceux des productions des plaines, ou les formes de chaque chose s'arrondissent.

A mesure que l'on s'eleve sur les montagnes, et que l'on gagne la cime des rochers, qui semblent s'elever au dessus de l'atmosphère l'on sent son ame s'aggrandir, pour contempler la nature, qui se multiplie sous nos yeux, au ciel de toutes les merveilles que l'on y decouvre: l'on y devient malgré soi astronome, geographe et naturaliste: le ciel entierement decouvert deploye de toutte part le spectacle majestueux de tous les corps celestes, dont la m'astre brillant et periodique nous fait jouir de la lumière et se sert à diviser les parties du temps, pour regler nos operations : l'on voit l'hemisphere [illegible] entier, comme une feuille [illegible] couverte de villes, de bourgs, d'une multitude de villages habités et qui semblent rassemblés pour un point de vue enchanteur ; l'on juge leurs situations, leurs distances fictives, réelles et respectives, leurs alignemens et leurs correspondances : l'on voit des sources jaillir de toutes parts qui forment tantôt des cataractes, dont une partie de leurs eaux est repompée par l'air avant que le reste de la colonne ait achevé sa chute ; tantôt des cascades qui semblent miner les rochers dont elles en entraînent des parties dans leurs courses [illegible] annoncées par le mouvement accéléré que par le bruit de leurs eaux qui est multiplié par des échos d'alentour ; ces eaux réunies forment des lacs, des rivières, des fleuves qui se sont distribués sur la surface de la terre pour perpétuer sa fécondité et se multiplier à nos besoins. La nature déploye à nos yeux ses richesses aussi variées qu'inépuisables ; nous l'interrogeons et elle nous dévoile ses mystères, lorsque nous sommes dociles à sa voix. Qu'est l'homme lorsqu'il est arrivé sur le sommet d'une très haute montagne, qui ne sent pas tout à coup s'évanouir la fatigue, telle qu'elle puisse être, que luy a occasionné la route pénible, qu'il a fallu gravir pour y atteindre au spectacle magnifique qui s'y présente, il reste immobile, toutes ses facultés intellectuelles sont suspendues, et il ne sort de cet engourdissement que par l'effet de l'enthousiasme qui naît de l'impression que le sublime fait toujours sur les ames sensibles alors il reveille tous ses organes, déploye toutes ses facultés et leur service est toujours au dessous de ses desirs. L'homme foible, mobile, organisé, suspendu pour ainsi dire entre le ciel et la terre lorsque sur la pointe la plus élevée d'un rocher, il contemple une partie de l'univers, l'homme dis-je, sent alors toute l'importance et la dignité de son état, et de celle de son individu ; il sent que toutes les choses qui l'environnent autour, et au dessous de luy, sont de son domaine [illegible] rien, parcequ'il fuit le [illegible] de la domination [illegible] de la propriété : il voit l'orage se former sous ses pieds, la foudre briser les nues qui obscurcissent et inondent ~~toutes~~ ces plaines, porter la frayeur, la mort, et la désolation ; tandis qu'il jouit de la sérénité des rayons du soleil &c.ª C'est sur les montagnes que les [illegible], les poètes, les peintres, les musiciens, les législateurs enfin tous ceux qui veulent peindre et exprimer fortement les choses doivent habiter, ou du moins les fréquenter souvent, pour y puiser le feu du génie et le germe des talents : ainsi Moyse monta-t-il sur Sinaï pour y rédiger ses loix ; l'Hélicon fut le berceau des Muses et Langres sur une roche, n'a-t-il pas dû à son élévation la prérogative d'avoir donné le jour à Monsieur Diderot ~~[illegible]~~ [illegible] la nature pendant la révolution de plusieurs siècles pour la gloire de l'humanité et pour immortaliser sa patrie. A

A Les Bénédictins ont presque toutes leurs maisons sur des hauteurs, parceque leur origine fut le mont Cassin ; les Bernardins qui [illegible] l'air vif des montagnes, ont [illegible] pour occuper les marais des vallées ; l'élite des premiers [illegible] et travailleurs, les derniers en plus grande partie végètent et croupissent.

N.° pour etre placé apres le N.° 731 page 65.

Les luteriens jouissent a strasbourg du libre exercice de leur religion: ce qui paroit une sage contradiction de la proscription qu'ils eprouvent en france dans des temps anterieurs ou ce qui ont eu des suittes si tragiques pour les familles et si funestes pour l'etat. nous sommes entrés dans un de leurs temples dans l'instant pendant qu'un jeune ministre prechoit en allemand: il etoit tres occupé de ce qu'il prononcoit avec un feu etonnant: nous nous fumes tres surpris d'avoir pendant que l'orateur cherchoit a capter ses auditeurs et captiver leur attention, que des especes de bedaux [illegible] des distributions [illegible] avec des bourses pendues au bout de longues ~~perches~~ batons affin d'atteindre plus commodement des rangs eloignés et je crois qu'il y avoit de petites sonnettes pour reveiller ceux qui dormoient ou qui n'etoient trop occupés du discours. nous n'avons point vu d'usage aussi ridicule etablis à geneve ou nous avons eté edifié de l'onction des ministres, de l'attention et du respect des auditeurs et charmé de la beauté du chant des hymnes et des cantiques que les chretiens articuloient pendant que l'orateur se repose. derriere la porte du temple on voit sur l'autel le mausolé de Maurice comte de saxe: [illegible] nous rappella toutte les obligations que la france a eu a ce grand capitaine: le mausolé n'est qu'un carton en attendant qu'il soit executé en albatre ou marbre. il est assez mal placé./

# Table des Matieres

Pages.

## A

Abbayes d'hommes et de femmes . 5. 6. 27. 30. 36. 39. 76
academie des sciences . . . . . 83
acide, en general . . . . 15. 20. 50. 67
acide [illegible] . . . . 15. 50
acide nitreux . . . . 15. 50
acide vitriolique . . . . 15
acide volatil . . . . 50
aegipte, pays de, . . . . 56
aerelle ou mirtile plante . . . . 38. 41
agnus. objet de devotion frequent en alsace . . . . 53
aigle du pupitre de strasbourg . . . . 63
air l' en general . . . . 42. 43. 50
air rarefié . . . . 42
aile de cigogne, nid, . . . . 56. 57
alezoir. outil d'artillerie . . . . 61
alkali fixe . . . . 29. 35. 50
allmagne, royaume d' . . . . 68. 76
almande, la langue . . . . 48. 51
alsace, province . . . . 51. 53. 55. 56. 65. 69. 76
alsaciennes, femmes, leur habit, fatles et caractere 52. 59. 67. 68.
alsaciens, les, . . . . 52. 56. 68.
alun . . . . 20
amiante ferrugineuse . . . . 83
amour . . . . 59
anabaptistes sectaires . . . . 38. 57. 69.
apprise riviere de champagne . . . . 14. 16
aqueduc . . . . 31
arbres . . . . 35. 38. 55. 67. 76
arbres taillés en chambres . . . . 67. 76
arenne . . . . 60. 63
arsenic . . . . 35. 70. 71. 81
arcamegtre . . . . 15. 23. 29. 33. 49

## A


ardoise ... 81
architecture ... 65
Argent, petit mines, loutraisance ... 35. 38. 46. 52. 53. 69. 70. 74. 75. 81.
argent corné ... 70
en cheveux ... 70
vierge ... 70
armoiries ... 63
armures ... 4. 62
art heraldique ... 63
Astres, Les ... 87
astronomie ... 87
atmosphere ... 187
Attila, Roy ... 28
attique de l'oratoire de Strasbourg ... 59
auberge ... 23
augets de moulin ... 57
avoine ... 55. 58
autel ... 63
Azerailles, village de Lorraine ... 80


## B


Baccarach, bourg et verrerie de Lorraine ... 78. 80
Bache de forge ... 19
Bain village de Lorraine ... 22. 23. 81
Baines, Les. de Bain ... 23
Bains Chauds ... 16. 17. 28. 30. 33.
de Bourbonne ... 14. 15. 33
de Luxeuil ... 28 ... 29
de Plombieres ... 32. 33
Balancier ... 31
Baldaquin ... 63
Balon, montagnes de ... 48
Balon allemand, montagne ... 48
Baleines ... 56. 59
Bandelette de fer ... 54
Barlieu, ville ... 77
Barois, pays du ... 56
Bas de laine manufacture de ... 7
Basse instrument ... 67
Basson instrument ... 67

# B


Bassigny, pays de Champagne . . . . . 6
Battants de cloche . . . . . 63
Baston, magistrat des mineurs . . . . . 72. 73
Bayard, forge . . . . . 4. 7
Beatisme . . . . . 30
Bedaux . . . . . 80
Befort, ville . . . . . 24. 84
Belemnites, coquilles . . . . . 13. 26. 75.
Benedictins . . . . . 30. ... 87.
Benfeld, ville d'Alsace . . . . . 59
Berkem, village d'Als. . . . . . 58
Bernard, saint, fondateur . . . . . 12
Bernardins, moines . . . . . 12. 87
Berthenay, village de Champagne . . . . . 8.
Beufs, leur volume, leur fermeté . . . . . 26. 54.
Bierre, liqueur . . . . . 50
Bled de mars . . . . . 55
Blende . . . . . 35
Blende rouge . . . . . 35
Blocailles, pierre de . . . . . 8
Bluteterie de moulin . . . . . 57
Bocard de mine . . . . . 45. 46. 53. 55. 74.
Bocard à crasse . . . . . 26
Bois, forme . . . . . 12, 37. 88.
Bois à charbon . . . . . 18.
Bois de Hay, forest de, en Lorraine . . . . . 8. 8
Bois de Ruys . . . . . 37
Bologne, village, forge en Champagne . . . . . 8
Boulbes . . . . . 60. 68.
Borax . . . . . 21
Boues de Bourbonne . . . . . 15
Bouillon de mine . . . . . 40
Bord, Borde . . . . . 4. 6
Boulets . . . . . 63
Bouleau, arbre de . . . . . 35
Bourbonne, les Bains, 12. 13. 14. 15. 16. 68. 81. 82. 83.
Bourses à quester . . . . . 88
Bourdon, village de Champ. . . . . . 13.
Bouteilles de verre . . . . . 49.

## B

Briele village de Champs ... 80
Briques ... 41. 60. 80
Briques pilées ... 41. 80
Brisac ville d'Alsace ... 66
Bruneschin rivière ... 27. 59
Buffle animal ... 65
Bure de fourneau ... 61
Bussant ville de Lor, ses mines et ses eaux ... 49. 51. 52
Brinière ville de Champagne ... 6

## C

4. 12. 63
Cabinet ... 76
Cadavres, parties cadavereuses ... 67
Cadence musique, ... 27. 35. 77
Cailloux roulés ... 69
Calvinistes, sectaires ... 31
Cammes, méchanique ... 61
Camp. art militaire ... 30
Cancer ulcéré, chirurgie
60. 61. 62. 66. 68.
Canons artillerie ... 60
à deux coups ... 60
de fer batus ... 68
Canoniers ... 88
Cantiques ...
Caracot ajustement de femme ... 67
Carignan ville du Luxembourg, y voi ... 13
66
Caron ... 45
Carpe, poisson ... 59
Carquois de Samson ... 87
Cascades, chuttes d'eau ... 27. 95
Castine ...
Cataractes, chuttes d'eau élevées ... 89
Cathedrale ... 63 64
Catholiques Romains, sectaires ... 53 69
Cavernes ... 85
Caylus, M. de ... 28
Cercles de fer ... 54
Chaalons ville de Champagne ... 53-56
Chair à presler ... 63
Chalumeau de verrier, canne ou felle ... 77
Champart, droit de ... 12

# C


Champagne, province ........ 19
Chandeliers, artisans ........ 20. 63
Chapeliers, artisans ........ 20
Chapitre ........ 36. 63. 76
Chanoines ........ 63. 76
Chanoinesses ........ 36
Chapeau de mine ........ 46. 52. 69. 70. 75
Chapeau de mineur ........ 72
Chapeau de paille ........ 52
Charbons de sapin ........ 54
de terre ........ 24. 30. 46. 84
pyriteux ........ 24
Charge de fourneau de forge, grande, ........ 26. 55
Chariot de mines ........ 24. 29. 40. 42. 44. 70
Chariot d'artillerie ........ 60
Charme, le. village de Comté ........ 27
Charpente ........ 60. 66. 67.
Charpenterie ........ 60
Château ........ 58
Château-Lambert, village ........ 45. 46. 52
Chatenoy, bourg d'Alsace ........ 69
Chatelet, monticule de Champagne ........ 28
Chaude-fontaine, font. mine de Lorraine ........ 37
Chaudrons ........ 28
Chaufferie ........ 13. 19. 30
Chaumont, ville de Champagne ........ 8. 9. 81.
Chaussée, route ........ 8. 55. 57. 75
Chaux ........ 16. 24. 25. 77.
Cheminée ........ 52
Chemingotte, village de Lorraine ........ 76
Chêne, arbre ........ 12. 35
Chêneau, conduite d'eau ........ 31
Chevaux d'artillerie ........ 61
Chevreaux ........ 9
Chèvres, [illegible] ........ 37

# C


Cheveux blonds, ........ 23
Chevillon village de Champagne ........ 4
Chiffons pour le papier, drapeaux ........ 24
Chirurgien de Bourbonne ........ 16
Choiseul, Mr de ........ 26
Choux ........ 58. 59
Christ ........ 32. 53
Christine de saxe, Mlle ........ 36
Christophoriana. Plante ........ 7
Cigogne ........ 56. 57
Cilindres ........ 22
Cisailles ........ 19
Citernes ........ 8
Claude de Lorraine, Seigneur de Joinville ........ 4
Empereur Romain ........ 14
Saint. ville de Comté ........ 47
Clergé ........ 30
Clarinettes, instrument ........ 67
Clerc Duguet, a Strasbourg ........ 65
Clermont Tonnère, Mr De ........ 16
Clistère donné à l'amour ........ 59
Cloches ........ 63. 64 65
Clochettes ........ 88
Clocher ........ 56. 58 61 62
Cloque, fer des meules ........ 71
Cobalt ........ 69. 70. 81
Coiffy. village de Champ. ........ 13
Colmar, ville d'alsace ........ 56. 57. 58 - 60. 69
Colombain, St fondateur ........ 28
Colonnes de Gyps ........ 13
Colsa. plante ........ 58
Comedie de Strasbourg ........ 67
Comté de Salm ........ 77
Conney. riviere de Lorr. ........ 16 18 22
Contades, Mr de ........ 83
Contrecoeurs, pierre de Cheminée ........ 5

## C

Convoi funéraire . . . . . . . . 38
Coquilles . . . . . . . . 4 . 13 . 26 . 77 . 81 82
Cor de chasse des postillons . . . . . . . . 68
Cordeliers, moines . . . . . . . . 1 - 69
Corde de bois . . . . . . . . 18 .
Corne d'ammon . . . . . . . . 26
Corne de bufle monstrueuse . . . . . . . . 64
Corps celestes . . . . . . . . 86
Corvées . . . . . . . . 25
Cotteaux . . . . . . . . 55 . 56 . 58
Couche platteuse des mines . . . . . . . . 44
Courant d'eau soutterrain . . . . . . . . 85
Couverture de maison . . . . . . . . 6 - 51 - 57 60
Coutre de charue . . . . . . . . 54
Crapeau monstrueux . . . . . . . . 29
Crible a leau . . . . . . . . 80
Cristallisations . . . . . . . . 69 . 75 . 81 . 85
Croissant d'acier pour tourner les boulets . . . . . . . . 61 62
Croix . . . . . . . . 15 . - 57
Jointte, village de Lorraine . . . . . . . . 75
Cric, machine . . . . . . . . 57 . 62
Cuivre . . . . 21 38 . 42 . 45 . 48 . 52 . 53 . 62 70 . 74 . 75 . 81 .
Culture . . . . . . . . 58 . 59
Cupidons . . . . . . . . 59
Cymetiere . . . . . . . . 29 . 36

## D

Damarie, Bourg d'alsace . . . . . . . . 55
Dannemarie village . . . . . . . . 13
Danse . . . . . . . . 67
Dauphiné, province . . . . . . . . 17
Décaper, forge . . . . . . . . 20
Decembres . . . . . . . . 46
Deblays . . . . . . . . 44 . 46 . 52 . -
Diableria festa de la . . . . . . . . 8 .
Digitale plante . . . . . . . . 35

# D


Diderot, Mr. ........ 87
Diey, St Ville de Loss ........ 67. 76 ........ 77
Dimanche. le ........ 88
Directeurs ........ 42
Dizier, St Ville de Champagne ........ 77
Dôle, Ville de Comté ........ 57
Doubs Riviere de Comté ........ 6
Donjeu, village de Champagne ........ 6. 7


# E


Eaux Chaudes de Bain ........ 22
de Bourbonne ........ 15
de Luxeuil ........ 27 29
de Plombieres ........ 32
de Remiremont ........ 37
Eaux de Pluie ........ 85
Elementaires ........ 85
ferrugineuses ........ 29
jaunes ........ 84
noires ........ 84
rouges ........ 84
Rousses ........ 18. 22. 27. 35. 81. 84
Savonneuses de Bain ........ 33
de Luxeuil ........ 29
de Plombiere ........ 33. 34.
Souterraines ........ 43
Sures ........ 20
Vertes ........ 84
Echalats, batons de vignes ........ 5 - 56
Echelle de graduation ........ 62
Echevette de fil de fer ........ 31
x Ecole d'artillerie ........ 61 68
Ecorce de Chene considerable ........ 12
x Echo, les ........ 87

## E


Ecol villageoises forges de champagne ... 6. 9
Ecrous ... 11
Eglise ... 53. 58. 63. 67. 69. 76
Email ... 78
Empire, Royaume ... 55
Empoise de grand, mechanique ... 47
Emporte pièce ... 26
Encyclopedie, dictionnaire ... 64. 65
Enfans trouvés ... 4
Engrais ... 25
Engrogne rivière ... 26
Enrayeurs ... 54
Entroque coquillage ... 77
Epernon le Duc d' ... 60
Escallier ... 64. 67
Estienne de Vaux seigneur de Joinville ... 4. 50
Estomach ... 9. 20. 21
Etaim ... 21
Etameur ... 20
Etamoir ... 45
Etang ... 76
Etival abbaye ... 26
Etrille ... 20. 33
Etuve ... 59. 77
Evesque ... 41. 73
explosion ... 12. 78
exploitation de bois ...


## F


falaises de la mer ... 77
farine ... 57
fêlée, canne de verrerie ... 77
femmes en general ... 52. 59. 67. 68
fenderie du dauphiné ... 17
fer. 5. 6. 9. 15. 17. 18. 19. 20. 21. 22. 23. 30. 32. 41. 54. 60. 62. 64. 75. 81.

# F


fer blanc ... 18. 19. 20. 21. 22. 23.
bon ... 6. 18. 32. 54
Carreau ... 17
Cristallisé ... 41
De champagne ... 17
De charme ... 54
De normandie ... 17
noir ... 17
ferments detruits ... 15
feret d'espagne ... 69. 75
fermoirs, outil ... 84
ferenders ... 9. 28
feves de marais ... 55
feuilletis d'ardoises ... 81
feutre ... 41
feux sousterrains ... 83
fil de fer ... 30. 31
filerie ... 30 31
filiere ... 30. 31. 32
filles alsaciennes ... 67. 68
filles d'auberge ... 23
filon de mine de midi ... 44
de six heures, ... 44
de neuf heures ... 44
de trois heures ... 44
perpendiculaire ... 44
oblique ... 44. 46
plat ... 44
horisontal ... 44. 46
forge ... 64
fleche ... 59. 60. 64
fleurs de fer ... 75
flogistique ... 20. 21 82
fondeur ... 61 62
fonderie de canons ... 61 62

# F

~~fontaine village de champagne~~ — 16
fontaines minerales. 14. 15. 16. 22. 23. 28. 33. 37. 46. 49. 52. 54. 57. 69. 70. 81. 83. 84. 85.
fonte de fer — 9. 55
fontenay ville de Lorraine — 18
forets mechanique — 61 62
forest de hetres — 38
de sapins — 35 37 51. 69. 76. 77
forge a fer — 6. 17. 18. 54. 80.
d'azeralles — 80
de Bain — 18
de frouque — 6
de pont de Bois — 17
de Vizh — 54
de Neuus — 18
de Monthureux — 18
forteresse — 57
fortifications — 59. 60 66
fougerolle village de Comté — 26 30
four a chaux — 24. 25
a vieutre — 30 ~~37~~
a seeler — 68
de potier — 27
de verrerie — 80
pour les Couteaux — 63
fourneau de fonderie en cuivre et argent 42. 45. 52 53. 61 62 76
d'affinage — 53. 76.
de forge — 17 26 54. 80. 83.
d'azeralles — 80
de picheviller — 56.
de pont de Bois — 17
de saint Louys — 26
france village de champagne — 16
francois III. duc de Lorraine — 41
~~franche Comté province~~ 38. 45. 57 — 63

## F

fremué rivière de Comté ... 47
Fringsttaue, espace ... 12
froment ... 37. 55. 58 59
froment barbus ... 55
fusils ... 61
futaye ... 38

## G

Genis de l'eau ... 9
Gangues des mines 40. 41. 44 ... 52
Galène ... 11. 35
Galeopsis, plante ... 7
Gallerie des mines. 37. 39. 40 41. 42 43. 44. 46. 63. 70. 71. 74. 81
garence, plante ... 27
Gaulois. peuples ... 27 58
gîs de Vanhelmont ... 50
Geneve ville ... 60 88
genevrier ... 5
Geuses, lingot de fonte de fer ... 55
Giboies ... 9
Globe de geographie ... 59
Glu ... 26 45
Gourzon village de Champagne ... 4
Gouttière ... 42
guéreler les mines ... 44
Gringuette ... 9
Guise. Duc de ... 4
granit ... 35. 36. 47. 51. 57 69 75
micacé ... 35
gratoir d'artillerie ... 61
graves de la mer ... 35
gravier ... 38
gray. ville de franchecomté ... 57
grés. pierre de ... 76 80 81 – 16. 17. 18. 19. 24. 26. 30 35. 36. 57 63
ferrugineux ... 30 80
rougeâtre ... 57 76

G

Grenouilles .......... 58
grillage des mines .......... 75
grille de fer .......... 63 .. 81
grisette, filles .......... 67
grotte de haufel .......... 6
des Capucins de plombière .......... 34
Gyps .......... 13·15·16 81 .. 82

H

habits des mineurs .......... 71 .. 72
harmonie .......... 11
haufel, village de f. Comté .......... 6
hautbois instrument .......... 67
helicon, mont .......... 87
hemisphere .......... 86
henry II Roy de france .......... 4
herbue, terre, .......... 55
hêtre, bois de .......... 38
heures du soleil .......... 44
hymnes .......... 88
hommes, les .......... 86
hongrois, les .......... 38
horizon .......... 48 .. 82
horloge de strasbourg .......... 63
houx arbrisseau .......... 26 45
huile .......... 31 .. 33
huilerie a eau .......... 30 47
humanité .......... 87
humus .......... 35
hydrhaustatique .......... 85

I

Ichneumon animal .......... 56
Ill. riviere d'alsace .......... 55 59
inondation .......... 7 82

## Î

~~Inscriptions françoises~~ ---- 32
Romaines ---- 14. 28.
Intendance ---- 60
Jeis de marais petrifié ---- 26
Ifenheim, village d'alsace ---- 56
Isles ---- 27

## J

Jesuites ---- 57
Jean Saint ---- 8. 18
Joinville ---- 4. 6. 7
Joseph, Saint ---- 4
Jour continuel ---- 48
Juifs ---- 53. 64. 69.
Jules Cezar, Empereur Romain ---- 27 56

## K

Kel, fort de, ---- 66

## L

La Crétte, abbaye de ---- 6
Lait de la Ste Vierge ---- 4
Lattier de Cuivre ---- 53
De fer bleu ---- 55
Hauteurs ---- 17
tranchans ---- 20
Lame de sabre ---- 60
Lampe de mineur 39. 41. 42. 71 72. 73 ----
Lanneville villages ---- 4 12
Langres Ville de champagne patrie de Mr Diderot ---- 87
Lanterne de pierre ---- 29
Lauterung la, Rivière ---- 26. 27
La Roche village de Lorraine ---- 37
Lauche, riviere ---- 69
Laves, Pierres ---- 6
De volcan ---- 75 83
Leber, Riviere d'alsace ---- 69
Le Borrwi Village d'alsace ---- 69

# L


Legislateurs ... 87
Lesseive ... 27
Lestraye, village de Lorraine ... 38. 47 ... 49
L'étape rivière ... 77
Lieu, abbaye de ... 38. 39
Liber Ecorce ... 12
Ligue des huguenots ... 4
Lin, plante ... 59
Liste de plombière ... 32
Litarge ... 74
Lit du roy ... 59
Lorraine province ... 22 55. 69 .. 77
almande ... 77
Louis XIV Roy de france ... 66
Loup. animal ... 37
de fourneau ... 83
saint ... 24. 26 ... 27
Louppe ... 19
Lumière de laueu ... 61 82
Luneville, ville de Lorraine ... 77 81
Luteriens sectaires ... 69 88
Luxeuil, ville de fr. comté ... 84 27. 28 29 30 83
Lion, ville ... 48
Liqueur ... 34
Liqueur vineuse ... 49


# M


Machines des mines ... 39. 42. 45
Madriers pour les voutes ... 40 42
Maisons peintes ... 57 59
Maisons sans cheminées ... 52
Maistre de forge ... 54 80
Mal fortune ... 55
Manche de verre ... 77
Mandra village ... 13

# M

~~Manufacture~~ . . . . . . . . . . 5 . 18 . 19 . 80
Marbre . . . . . . . . . . . . . . 4 . 13
marches d'escalier . . . . . . . . . . 64 . 65
marmottes . . . . . . . . . . . 26
Marne rivière . . . . . . 4 . 6 . 8 . 77 . 81 . 82
Marie, Sainte marie aux mines ville d'alsace [illegible] 49 . 69 . 70 . 71 . 72 . 76 . 77 . 83 .
Marteaux de forge 5 . 22 . 19 . 63 . . . . . . . 70
arondis . . . . . . . . . . . . 19
Creux . . . . . . . . . . . . . 63
Martinets . . . . . . . 9 . 10 . 11 . 19 . 30 . 54 . 80
Matière ferrugineuse . . . . . . . . . . . 53
Matte de cuivre . . . . . . . . . . . . 53
Maurice Comte de Saxe . . . . . . . . . . 88
Maurice, Saint, village . . . . . . . . . . 48 . 52
Mays . . . . . . . . . . . . . . . 55
mèche . . . . . . . . . . . . . . . 61
Médailles romaines . . . . . . . . . . . 28
Medecin de Baie . . . . . . . . . . . . 23
Mediterranée, La . . . . . . . . . . . . 13
Mer, La . . . . . . . . . . 13 . 35 . 77 . 83
Metz, ville . . . . . . . . . . . . . 17
Meule a Emoudre . . . . . . . . . 17 . 63
De bois . . . . . . . . . . . . . 79
De moulin . . . . . . . . . . 57 . 71
D'huilerie . . . . . . . . . . . 47 . 82
De grand . . . . . . . . . . . 47 . 57
de plomb . . . . . . . . . . . . 79
Meurte, rivière . . . . . . . . . . . 76 . 77
Meuse rivière . . . . . . . . . . . . 13
Meurtriers . . . . . . . . . . . . . 63
Mica . . . . . . . . . . . . . . . 52
Mines . 5 . 8 . 17 . 26 . 29 . 36 . 37 . 38 . 40 . 42 . 44 . 46 . 47 . 48 . 52 . 53 . 69 . 70 . 71 . 72 . 74 . 75 . 80 . Leur formation 75 . Leur attaque 44 .
abandonnées . . . . . . . . . . . . 52
Dardoise . . . . . . . . . . . . . 69

# M


Mines d'argent en general ... 46. 69. 70. 75
grise ... 70
rouge ... 70
De Cobalt ... 69
Du village de Body ... 38. 44. 52. 72
De Busnau ... 48
De Cuivre 36. 37 46. 48. 52. 53. 55. 69. 74. 75 ...
De fer ... 5. 8. 17. 26. 46. 52. 55. 69. 75 ... 80
Cristallisée ... 46
Du village de Bourgogne ... 26
en feve ... 26. 29
en pierre ... 26
en roche ... 5
De Jussey ... 17
De Marcaul ... 8
de frise ... 46
De Gyromagny ... 46
De plomb ... 61. 62. 75 ... 46
Blanche ... 75
Cubique ... 75
feuilletée ... 75
Verte ... 75
Violette ... 75
De pont de faux ... 46
De Sicheville ... 55
De Tillot ... 46. 47. 52
D'or ... 52. 53
Mineur 40. 41. 42. 44. 45. 46. 48. 52 ... 71 ... 72
Minerai 40. 41. 42. 44. 45 ... 46 ... 52 .. 71 ... 72
Ministre protestant ... 88
Miroir ... 61
Mispikkel ... 46
Multicaux ... 60. 61. 62
Muffle de moulin ... 53


voyez plus bas.

# M


Muses, Les. . . . . . 87
Musiciens . . . . . . 67 . 87
Musique . . . . . . 67
Moines . . . 6 . 12 . 16 . 27 . 29 . 30 36 69 . 86
Monpensier, Melle De. . . . . . 66
Monastères. . . . . . 6 . 27 — 86
Montagnes 32 . 35 . 36 . 37 . 44 . 45 . 48 . 55 . 57 . 67 . 69 . 76 77 . 81 . 83 . 85 86
Chemins. . . . . . 85
embrasés . . . . . . 83
Mont cassin . . . . . . 87
Saint . . . . . . 86
Montigny village de Champagne . . . . . . 13 — 30
Mont, Mr. envoyé du ministère et avec lequel j'ay fait ce voyage seulement jusqu'a Plombière . . . . . . 15
Morery, Dictionaire de . . . . . . 30 . 64 . 65
Moselle Rivière . . . . . . 35 . 36 . 47 . 48 . . . 51
Mosolés . . . . . . 4 . 13 . 88
Mouches . . . . . . 74
Moulin . . . . . . 57
Mousse d'arbre . . . . . . 20
Sainte, Rivière . . . . . . 86
Moyse . . . . . . 87


voyez après mss. Spitteler

# N


Nancy ville de Lorraine capitale . . . . . . 50
Nature, La. . . . . . 3 . 86
Naturaliste . . . . . . 86
Navire . . . . . . 61
Nautil coquillage . . . . . . 4
Neige . . . . . . 55 — 85
Neuf Chateau, ville de Lorraine . . . . . . 58
Nicolas, Saint ville de Lorraine . . . . . . 7 24 . 81
Nogent Le Roy, village de Champagne . . . . . . 13
Noix de galle . . . . . . 29 — 49
Noyer . . . . . . 37 — 55
Normandie province . . . . . . 17

# O


Ocean, l' ... 73
Or. l' ... 21
Oracle ... 71
Oratoire ... 59
Orbac, rivière d'alsace ... 55
Orbeil village d'alsace ... 51. 52. 55. 74
Orge ... 27. 55. 58.
Orgue ... 9. 10. 11. 27
Orleans, maison d' ... 4
Ornain rivière de Lorraine ... 77
Orguiste ... 63
Orgueneau village ... 6
Orignon, rivière de f. Comté ... 38. 63
Ouvreau de Verrerie ... 77


# P


Palais Episcopal de Strasbourg ... 59
Papeterie ... 34
Papier ... 34
Paris, Ville ... 77
Pas de St marie aux mines, ... 76
Pasteur ... 69
Parvis ... 68
Patates ou pommes de terre ... 37. 55. 59
Paysannes ... 67
Pêche ... 66
Pelletiers ... 63. 76.
Peronne ville de Picardie ... 4
Petrifications, ... 77
Physiciens ... 87
Phosphore ... 35
Peintres ... 87
Pickerville, village d'alsace ... 54
Pierre Calcaire ... 6. 12. 16. 35. ... 81
Bitumineuse ... 6. 8. ... 13. 24
De Mer ... 13. 24
De fauconnier ... 8
De taille ... 4. 8
Dirteuse ... 6. 13. 81.
Veinée de St Dié ... 76

# P


Pilons des bocard ... 45. 48. 52. 53. 74
Pinçon oiseau ... 12
Pirée, Mr maire de Luneul ... 28
Pipe, tonneau ... 43
Pierre arsenicale ... 46. 77
Pierre Cubique ... 6. 82
Pignons de maison a la française ... 57-60
Pieux pièces ... 45
Place d'armes ... 60
Plafonds ... 58
Planches de chêne ... 77
sapin ... 77
Platte forme ... 64. 65
Platinerie ... 11-22
Platre ... 16-58
Plomb. 9. 38. 41. 46. 64. 70. 74. 75 ... 79 ... 81
Plombières Ville de Lorraine 30. 32. 34. 35. 52. 53. 55. -- 83
Pluyes ... 81
Poetes ... 87
Point de vue ... 65
Poissons Village de Champagne ... 5
Poli noire d'artillerie ... 62
Poinçons pour les mines ... 41
Pomme de terre ... 37. 55. -- 59
Ponts ... 57 -- 66 - 69
Pont a mousson Ville de Lorraine ... 77
Pont de bois village et forge de fr. comté ... 47
Oulart village de Lorraine ... 48
Portraits ... 59
Poste ... 68
Postillons ... 68
Pot de verrerie ... 27
Poudingue, pierre, ... 35- 36
Poudre a canon ... 48
Prairie ... 58 . 68
Predicateurs ... 88

# P


Pierres ... 8
Pêche ... 88
Prix des fers ... 54
Prologue ... 3
Promenoir ... 23. 34. 67
Provenchères village de Champagne ... 6
Puits-des-mares hameau de Champagne ... 12


# Q


Quartz ... 30. 35. 41. 52. 69. 81
phosphoriques ... 35
Quarillon, ferreu, ... 54
quarillonnerie ... 54
Quay de Strasbourg ... 59
Quête dans les temples ... 88
Quermes fête flamande ... 8


# R


Ramettes des ventes exploitées ... 22
Raon-l'Étape, ville de Lorraine ... 77
Rats ... 74
Ravins ... 75. 77
Remueuse ... 20. 21
Redoutte ... 58
Reformés, sectaires ... 57
Remiremont ville de Lorraine ... 35. 36. 52. 83
Remonchamp village de Lorraine ... 38
Renardière, forgeur ... 17. 19. 54
Reptils ... 56
Repère ... 21
Respiration laborieuse dans les mines ... 29
Rétable d'autel ... 13
Reverbère fourneau de ... 19. 22. 74
Rhetre temples ... 58
Rivière fleurie ... 55. 66

# R

Rhin fleuve ... 84
Richard, Mr organiste ... 9. 10. 11
Rivieres ... 48. 84. 86
Robert, Mr directeur de Baccarach ... 77
Roche ... 36. 40. 41. 47. 71. 75. 82
fondue et vitrifiée ... 41. 52. ... 81 ... 82
Rochers, ... 13. 58. 77. ... 87
battus des eaux ... 13 ... 77
Rognon riviere des champs ... 5
Rogneures de fer ... 19
Romains, les ... 14. 27. 28 ... 33
Rohan, Maison de ... 59
Romaricus ... 36
Rosette, cuivre de ... 61. 62 ... 75
Roüe a feste ... 31. 46
de marteau ... 8. 9. 10
de fer blanc ... 49
Rôles d'impots de Strasbourg ... 86
Routes, grands chemins ... 8. 55. 57 ... 75
Rufac, ville d'alsace ... 55. 56
Ruys de fougerole, riviere de ... 26
de plombière ... 26. 31

# S

Sable blanc ... 80
Sable vitrifié des fourneaux des forges ... 47 ... 80
Saints, images des ... 53
Salbande des mines ... 75
Salines de franche comté ... 16
de Lorraine ... 16
Salme, Comté de ... 77
Sanctuaire de la nature ... 71
Saone riviere en fr. comté ... 14 ... 16
Salpetre ... 16
Sapin ... 35. 37 .. 51. 69 .. 76 ... 77
Sarrazin plante ... 27

# S


~~Saxon~~ ... 23
Scheletta, ville d'alsace ... 58. 68. 69
Sie a eau ... 11
Scorie de volcan ... 52
ferrugineuse ... 35. 82
Schlutter, metallurgiste ... 74
Scheerenne ... 81
Segle, plante ... 20. 27. 37. 55 ... 58
de printemps ... 37
Sel ammoniac ... 13
Sel marin ... 15. 16. 35. 37
de glauber ... 16 ... 23
Selenite ... 15. 50. 81
Semelle, fer en, ... 19. 22
Sep de vigne ... 58
Sergent de mines ... 39. 40. 44
Serinette ... 11
Seringue ... 59
Servante ... 67
Silouette, Mr, Controleur general ... 74
Similor ... 3
Systemes ... 87
Sinay, montagne ... 48
Solstice d'été ... 4
Sommes, Mr village ... 4
Son de farine ... 21. 33 ... 57
Sonnette, engrelot ... 88
Sopha ... 63
Soufflets ... 11. 35. 53. 74
... 35
Soupe ... 18
Soyer, voyez
Sources, ... 8. 85. 86
Spath ... 6. 17. 41. 52. 69.
Sphere ... 59

# S

Stalactites ... 69 . 75
Statue ... 63
Stile de fer ... 61
Strasbourg Ville 47.48.59.60.62.64.67.68 ... 88
Strasbourgeoises femmes ... 68
Suif ... 17 ... 21 ... 73
Suisse ... 55
Suize rivière ... 8
Suye de cheminée ... 21 ... 52

# T

tabac ... 58.59
table ... 53 . 74 ... 63
tableaux ... 59 . 80
tablier des mineurs ... 71 . 72
taillandier ... 9 . 10 . 26
talc ... 82
tau ... 45
tapisserie ... 63
temples ... 88
tenailles ... 31 ... 63
a trois mordz ... 63
terre argilleuse ... 15
blanche ... 80
bolaire ... 19
cuitte naturelle ... 36
fertile ... 16
martiale ... 15
thermes ... 28 . 83 84 . 85
de Bourbonne ... 33 . 83
de Plombière ... 32 . 33
de Luxeuil ... 27 . 28
thermomètre ... 21 27 . 28 32
thonaux d'ay de champagne ... 4
thur rivière d'alsace ... 51
tilleul arbre ... 67 ... 76
toiture ... 51 . 57 .. 60
tombeaux ... 36

## V T

Toul ville de Lorraine — 8
Tour — 63. 64
tourès — 31
tournebroche a l'eau — 19
tréfilerie — 30
tremblement de terre — 81
treuil de moulin — 53
trempoir du chandelier — 20
trésor d'église — 4
trousse — 42. 43
trôsne — 63
truchement — 52
truites — 45. 47
tuiles courbées — 60
peintes — 14. 16
plattes avec des vernissures — 51
turquoise — 35
tuyaux d'orgue de bois — 10
d'étain — 10
de plomb — 10
tymelea plante — 7

## V

Valet Mr — 18
Vallerius naturaliste — 95
vases antiques — 28
Vauvillers village de fr. comté — 16. 17. 37
Veau le — 11
Ventilateur — 42. 44.
Verre — 46. 49. 51. 77
a boire — 79
Verrerie — 18. 46. 51. 77
du Hermoutes — 79
Verge de fer — 31
circulaire — 30. 54

## V

Vertus-gadres ajustement de femme anciens . . . . . 71
Vignes . . . . . 5 . 14 . 56 . 57 . . 69
Vignory Ville de champagne . . . . . 7
Vin . . . . . 50
mousseux . . . . . 50
Vinaigre de bierre . . . . . 20
Violon instrument . . . . . 63
Vipere . . . . . 12
Vitres . . . . . 51 . . . . 77
Voile . . . . . 11
Voiture à charbon . . . . . 54 66
Voituriers alsaciens . . . . . 68
Volcan . . . . . 52 . . 82 . . . 83
Voyage souterrain . . . . . 71
Urbain, Saint, abbaye village de champagne . . . . . 5

## Z

Zinc . . . . . 35

www.ingramcontent.com/pod-product-compliance
Ingram Content Group UK Ltd.
Pitfield, Milton Keynes, MK11 3LW, UK
UKHW020324250726
13967UKWH00004B/1846

9 782011 274311